算法治理与治理算法

Algorithmic Regulation in the Algorithmic Society

唐林垚 著

社会科学文献出版社
SOCIAL SCIENCES ACADEMIC PRESS (CHINA)

图书在版编目（CIP）数据

算法治理与治理算法 / 唐林垚著 . --北京：社会
科学文献出版社，2024.6
　（中国社会科学博士后文库）
　ISBN 978-7-5228-1227-4

　Ⅰ.①算…　Ⅱ.①唐…　Ⅲ.①自动化技术-应用-法
律-研究　Ⅳ.①D9-39

　中国版本图书馆 CIP 数据核字（2022）第 234924 号

·中国社会科学博士后文库·
算法治理与治理算法

著　　者 / 唐林垚

出 版 人 / 冀祥德
责任编辑 / 芮素平
文稿编辑 / 王楠楠
责任印制 / 王京美

出　　版 / 社会科学文献出版社·法治分社（010）59367161
　　　　　地址：北京市北三环中路甲 29 号院华龙大厦　邮编：100029
　　　　　网址：www. ssap. com. cn
发　　行 / 社会科学文献出版社（010）59367028
印　　装 / 三河市龙林印务有限公司

规　　格 / 开 本：787mm×1092mm　1/16
　　　　　印 张：13.5　字 数：218 千字
版　　次 / 2024 年 6 月第 1 版　2024 年 6 月第 1 次印刷
书　　号 / ISBN 978-7-5228-1227-4
定　　价 / 88.00 元

读者服务电话：4008918866

第十批《中国社会科学博士后文库》
编委会及编辑部成员名单

（一）编委会

主　　任：赵　芮

副主任：柯文俊　胡　滨　沈水生

秘书长：王　霄

成　　员（按姓氏笔划排序）：

卜宪群	丁国旗	王立胜	王利民	史　丹
冯仲平	邢广程	刘　健	刘玉宏	孙壮志
李正华	李向阳	李雪松	李新烽	杨世伟
杨伯江	杨艳秋	何德旭	辛向阳	张　翼
张永生	张宇燕	张伯江	张政文	张冠梓
张晓晶	陈光金	陈星灿	金民卿	郑筱筠
赵天晓	赵剑英	胡正荣	都　阳	莫纪宏
柴　瑜	倪　峰	程　巍	樊建新	冀祥德
魏后凯				

（二）编辑部

主　　任：李洪雷

副主任：赫　更　葛吉艳　王若阳

成　　员（按姓氏笔划排序）：

杨　振	宋　娜	赵　悦	胡　奇	侯聪睿
姚冬梅	贾　佳	柴　颖	梅　玫	焦永明
黎　元				

《中国社会科学博士后文库》
出版说明

为繁荣发展中国哲学社会科学博士后事业,2012年,中国社会科学院和全国博士后管理委员会共同设立《中国社会科学博士后文库》(以下简称《文库》),旨在集中推出选题立意高、成果质量好、真正反映当前我国哲学社会科学领域博士后研究最高水准的创新成果。

《文库》坚持创新导向,每年面向全国征集和评选代表哲学社会科学领域博士后最高学术水平的学术著作。凡入选《文库》成果,由中国社会科学院和全国博士后管理委员会全额资助出版;入选者同时获得全国博士后管理委员会颁发的"优秀博士后学术成果"证书。

作为高端学术平台,《文库》将坚持发挥优秀博士后科研成果和优秀博士后人才的引领示范作用,鼓励和支持广大博士后推出更多精品力作。

《中国社会科学博士后文库》编委会

摘　要

　　技术飞跃与治理提升之间的关联通常被人们假定，也早已被吸纳进建设"数字中国"的政策与推进"智慧社会"的实践中，但法律规则的习惯性滞后带来了监管套利的空间。综观全世界，公共治理领域的自动化应用经历了从基于数据库编码的计算机自动化到基于机器学习的算法自动化再到基于神经网络的超级自动化的逐步跃迁，从早先自下而上专业人士的"辅助/参考"和个别部门的"部署/应用"嬗变为自上而下的社会化"嵌入/集成"，使得公权力、私权力以及私权利的关系发生了结构性转换。相应地，国际通行的个人隐私保护（事前同意）、算法可解释性（事中监测）和完整履责链条（事后追责）的监管范式也应依照宏观技术共治、中观价值位阶和微观权利保障三位一体的规制路径进行体系化重构。

　　通过云端收集、校勘、分析海量大数据，独立法律人格待定的智能机器人在多个行业替代自然人从事高、精、尖业务并重塑人们的社会评价、权利义务及法律责任。算法活动以"信义义务"为核心调整传统受托人关系以及基于合同相对性进行损害赔偿，传统制度已不能完全囊括智能主体理应承担的所有义务，导致算法操纵、信息寻租和监管套利的三重失控，凸显人工智能产业布局中的法律规范缺位；算法妨害具有公共属性，穿透技术黑箱对合同之外的普罗大众造成"公共滋扰"，法律应当为不同潜在责任主体创设不同缺省合规义务，引导算法运营商、技术开发方内部化不合理社会成本，以构建人工智能责任体系的中国标准。在智能机器人尚未取得独立法律地位之前，长臂规则、信义义务和一般侵权责任的法律安排足以在合同框架内解决算法应用对当事人的直接侵害问题，算法外部性扩散所引发的社会成本向普罗大众和弱势群体的不合理转嫁问题长期存在，却不受学界重视。算法公共妨害之治理必然对算法应用的透明度和可解释性提出更高要求，但确保责任主体链条的追踪识别、保障个体受众的主动退出机制更为重要。普通公共妨害之诉中常见的"自寻妨害"和"自甘风险"抗辩，在人工智能语境下不宜过度扩张，而应在趋于保守的利益衡平框架下，采取社会效益优位的进路，助推科技向善的社会治理体系。

以知情同意为核心的个人信息处理样态，造就了司法实践对合同思维的路径依赖，本已热度渐消的"马法之议"节外生枝。[①] 信息处理活动的长期性及其法律关系固有的隐性不平等，决定了信息处理合同的非完全属性，个人信息保护法以格式范本、漏洞补全和冲突防范机制替代当事人自由协商具备合理性基础。遵循公共利益至上、国家立法优位和科技向善为本的目标导向，个人信息保护法超越传统部门法的制度构建需要遵从以下方法论：活用强制性规范，对信息处理活动中至关重要的剩余权利分配作出合理安排；以"风险拘束"取代"目的拘束"维护"场景自洽"，分层级确立信息处理主体的安全保障责任；为未来可能的技术跃迁提留足以以变应变的柔性规则。

个人信息的不当利用常以算法决策的欠妥设计为肇始，《个人信息保护法》为此专章规定了"更正权""获解释权""被遗忘权"，但过于理想化的权利设计存在定位偏差和功能误读，在实践中面临被架空的风险，无助于疏解人类的自主性危机。技术向善与监管套利之间存在天然张力，且因智能应用的越发普遍而日益严重，在个人信息保护之外赋予信息主体"免

---

① 本书认可"信息的外延大于数据"的观点，将信息视为数据的形式化方式体现，故通篇采用信息而非数据的提法。参见梅夏英《数据的法律属性及其民法定位》，《中国社会科学》2016年第9期。个人信息的处理包括创建、收集、存储、加工、使用、删除、传输、提供和公开等活动，本书将信息处理活动中的相对方简化为信息处理主体和信息主体等。本书采用"信息"而非"数据"的提法，与《个人信息保护法》表述一致。《个人信息保护法》第4条第2款规定："个人信息的处理包括个人信息的收集、存储、使用、加工、传输、提供、公开、删除等。"算法决策是典型的信息处理活动，算法决策中的相对方为信息处理主体（即算法利用方，包括但不限于智能服务提供方、社交媒体、短视频软件、网购平台、智能配送系统等）和信息主体（即算法决策对象，包括但不限于智能应用用户、网购平台消费者、外卖送餐平台骑手、网约车司机等）。

受算法支配权"势在必行。"免受算法支配权"的权利配置需充分考虑技术嬗变与场景切换，在应对算法操纵时体现为助推"政府—劳动者—平台"三方参与议价协商制度的"陈情权"，在应对平台杀熟时体现为直接面向决策后端的"人工干预权"，在应对信息茧房时体现为"脱离算法长期虏获"的"远离权"。

　　政府向第三方机构下放评审权，标志着医院分级管理工作从基于既定规则的等级评审向基于统计回归的专家排序转变，但单纯的患者声誉参考显然无助于重大公共卫生事件中风险评估先行的监管实践。新基建的稳步推进，或将人们对公共卫生领域算法治理的主观想象变为现实，其合法性取决于"升格推演"的指标求解方式能在多大程度上缓解监管资源稀缺并避免道德危机。可解释性的法律要求、规范续造的边界限制，框定了机器学习模型"生成式"构架的仿生路径以及由排序算法向聚类和分类算法递变的必然趋势。算法治理技术的迅猛发展，使得卫生管理部门对潜在危险人群的"饱和式追踪"、基于个体侧写的区域风险评估以及稀缺医疗物资的按需分配等成为可能。就当前算法治理技术存在的法律规则相互掣肘、隐私保护不到位和应用终端权限索取过度等问题，未来法律规则的完善可以从三方面展开：一是为数字抗疫的技术开发方订立符合其程式样态的缺省规则；二是从外部增强个人信息"匿名化"和"脱敏化"处理的实际效果；三是建立针对算法治理应用的准入和备案制度。

　　关键词：算法治理；算法规制；自动化决策；公共卫生；刷脸支付；马法之议

Abstract

The link between technological leaps and governance improvements is commonly acknowledged and assumed by the general public, and it has long been captured in the current Digital China Policy and Intelligent Society Practice, yet the perennial lack of applicable rules has created abundant room for regulatory arbitrage. In a worldwide sense, automated applications in public administration have gradually shifted from the data-encoding-based computational automation to machine-learning-based algorithmic automation and then to neural-network-based super automation, and previous bottom-up occasional *auxiliary / reference* and partial *deployment / application* had given way to top-down social *embedded / integration*, leading to a structural transformation in between the public authority, private power and personal rights. Accordingly, the internationally accepted regulatory paradigm of personal privacy protection (*ex ant consent*), algorithmic interpretability (*interim monitoring*) and full accountability chain (*ex post accountability*) should be systematically reconstructed in a trinity manner of macro-technical co-governance, meso value spectrum and micro right protection.

With cloud data mining providing the fuel for algorithm activity, artificial intelligence robots are vividly becoming human agents in sophisticated commercial activities, reshaping the credit system of the society. Traditional fiduciary system is now facing critical challenges due to the lack of public legal infrastructure against regulatory arbitrage and big data rent-seeking. In essence, algorithm nuisance is a special kind of public nuisance. In order to internalize unreasonable social costs associated with AI products, compliance obligations shall apply to all entities involved in AI production and utilization. So far as AI robots are not independent legal entities, legal arrangements such as the Long-arm Rules, fiduciary duty and general tort liability are sufficient to deal with direct infringements between the AI applications and its ending users, yet the long-existing social costs generalized by the externalities of inappropriate algorithms are easily ignored by the legislators. The governance of such public nuisance will inevitably put forward stricter requirements on the transparency and interpretability of the algorithm applications, but it is even more important to maintain an intact identification and responsibility chain while ensuring targeted consumers could always have an active way out. Common defenses in public nuisance lawsuits, such as Come to Nuisance and Risk of Assumption, should not be overextended in the context of algorithm governance. Undertaking a conservative regulatory path, social welfare is always the prior concern in a technology-dominated society.

Personal information processing practice that centers the inform-consent mechanism, has given rise to a path dependence on contracts in trials which revived the classic debate of the *Law of the Horse*. The long-term nature of the information processing activities and the implicit inequalities inherent determine the incomplete attribute of the information processing contracts, information protection laws hence has reasonable basis to participate in the negotiations to function as exemplary norms, gap-filling or conflict prevention fail-safe. In a public-interest-oriented path that emphasize governmental intervention, information protection law transcends traditional laws in three aspects (so as to prove it is not merely a *Law of the Horse*) : first, flexible use of mandatory norms could arrange logically the vital distribution of the residual rights in information processing activities ; second, " purpose constraint rules " would replace " risk constraint rules " to maintain " self-consistency of the scenes " that fractionalize the processors duty of care ; third, soft laws should leave enough room to outmaneuver future technological transitions.

Improper usage of personal information often associates with algorithmic design flaws, yet an Information Protection Law centering the right to correct, the right to be provided with an explanation and the right to be forgotten is too idealistic to deal with realistic problems that had already jeopardized the autonomy of the human beings for a long period of time. Prevalence of Artificial Intelligence Applications broadens the tension between responsible technology and regulatory arbitrage, manifesting the significance of the right not to be subject to algorithmic decision under the Information Protection Law context. Such a right should take technological evolution and scene switching into account: in response to algorithmic manipulation, it reveals as the right to be heard to promote a government-worker-platform bargaining system; in response to strategic price fraud, it requests manual intervention to rectify inaccuracies and faults at the back end of algorithmic decision; in response to Information Cocoons, it appears as the right to be off so as to escape long term algorithmic capture.

The decentralization of inspection power from the government to third-party institutions marked an approach transition from traditional grade rating to expert judgment in prioritizing hospital monitoring, yet mere hospital reference helps little in the regulators' risk-based approach in the public health sector. The epidemic situation of the coronavirus propels the New Infrastructure Project which highlights a batch deployments of AI applications; justified by its promise to alleviate resource scarcity and avoid moral crisis, algorithm governance in the public health sector is no longer just a vision. Compliance requirements of interpretability and legal boundaries of *Rechtsfortbildung* frame the structural path of machine learning; ranking algorithm may gradually give its way to clustering or sorting algorithm in the long run. The rapid development of digital technology makes it possible for the health administrative departments to track potential hazardous patients on target, to assess regional infection risk on profiling and to distribute scarce medical supplies on demand. Application and promotion of digital technologies need to take into account the delicate balance between the consolidation of anti-epidemic effectiveness and the protection of personal information. In view of the problems of current practice, such as the mutual constraints of legal rules, the lack of privacy protection and the abuse of user authorizations, future law improvements shall be carried out from three aspects: first, emphasize the applications' developers' appropriateness obligations; second, enhance the actual effectiveness of the anonymization and desensitization process for personal information; third, establish an entry and register system for all algorithmic applications.

Keywords: Algorithmic Application; Algorithmic Regulation; Automated Decision; Public Health; Facial Recognition Payment; Law of the Horse

目　录

总论：作为算法上位概念的自动化应用

分论一：算法责任体系与马法之议新论

分论二：个人信息自决的双重实现路径

分论三：现实领域的算法应用及其法律保障

Contents

**General Remarks: Automated
Decision as the Upperseat
Concept of Algorithm**

**Part One: The Debate Between
Algorithm Responsibility and
the Law of the Horse**

Part Two: The Realization of Free From Algorithm Dominance

Part Three: The Application of Algorithms in the Real World and Its Legal Protection

作为算法上位概念的自动化应用

第一章 自动化应用提升现代化治理的法律保障

党的二十大报告提出："推动战略性新兴产业融合集群发展，构建新一代信息技术、人工智能、生物技术、新能源、新材料、高端装备、绿色环保等一批新的增长引擎。"这是根据我国发展阶段、发展环境、发展条件变化作出的科学判断。[①] 自动化应用能够提高经济社会的智能化水平，有效增强公共服务和城市管理能力，是提升现代化治理不可或缺的技术加持。在"黑天鹅"和"灰犀牛"无处不在的风险社会，依靠大数据、云计算、机器学习以及各类算法工具营造的行政"社会共律"，是独立个体普遍"自律不足"的必要补充；自动化应用介入公共治理具有充分的合法性根基。《法治中国建设规划（2020—2025年）》要求在2022年年底前建成全国一体化的电子政务服务平台，推动人民群众参与社会治理，打造共建、共治、共享的社会治理格局；电子化审批、算法化决策、智能化评估和机械化服务等，已在多个领域先行试点。

自动化应用提升现代化治理，需要强大的法律制度作为后盾。"由于技术变革带来的'外部性'不断变化，行为主体难以就风险程度、治理事项的优先排序、治理目标与手段的选择等问题形成共识，这使得安全治理在起点的原则规范上就缺乏坚实基础。"[②] 囿于对不断涌现的新形势、新业态、新模式的认知不足，已经于2021年11月1日施行的《个人信息保护法》和2021年9月1日施行的《数据安全法》不可避免地步入过于

---

① 习近平：《高举中国特色社会主义伟大旗帜 为全面建设社会主义现代化国家而团结奋斗——在中国共产党第二十次全国代表大会上的报告》，中国共产党新闻网，2022年10月26日，http：//cpc.people.com.cn/n1/2022/1026/c64094-32551700.html。
② 刘杨钺：《技术变革与网络空间安全治理：拥抱"不确定的时代"》，《社会科学》2020年第9期。

关注隐私保护的欧盟《通用数据保护指令》(GDPR)、强化可解释信息披露的法国《行政法典》以及确保责任主体链条可追踪识别的美国《算法问责法案》等"问题驱动型立法"的路径依赖,"头痛医头、脚痛医脚"的立法范式难以为自动化技术的跳跃式发展和管理部门的跨界式应用提供保障。研究表明,完全从信息保护入手建立规制体系的尝试,已经被证明面临加剧社会割裂的风险与徒增合规成本等流弊。[①] 如何突破公私二元界限、挣脱传统法律规制的制度惯性,采取整体化应对而非单纯个人信息保护的思路,[②] 以期为自动化应用介入现代化治理保驾护航,无疑是迈向全面建设社会主义现代化国家新征程之时亟待思考的重要问题。本书的总论部分正是在一个相对抽象的层面对上述问题进行体系化的探讨。

第一节　自动化应用介入公共治理的法律拷问

公共治理领域自动化应用的是非利弊之争,由来已久、反复无常、难分伯仲,始见于 1978 年法国《数据处理、文件和个人自由法案》颁布前夕,兴盛于 1995 年欧盟《个人数据保护指令》(DPID)适用之后,延续至 2018 年欧盟《通用数据保护指令》的监管实践,与新公共管理理论的由盛转衰、新公共服务理论的迅速迭代和公共价值管理理论的异军突起相伴相随。

一、新公共管理语境下的自动化应用

早在 1971 年,莫顿(Morton)在《反思智能辅助系统:基于计算机的自动化决策》一书开头就发出了"切勿盲目迷信机器自动化决策"的警告,[③] 并直接促成了法国《数据处理、文件和个人自由法案》对司法行政自动化应用的一概禁止。然而,计算机自动化的发展和应用契合了早期

---

① 参见于浩《我国个人数据的法律规制——域外经验及其借鉴》,《法商研究》2020 年第 6 期。
② 参见徐明《大数据时代的隐私危机及其侵权法应对》,《中国法学》2017 年第 1 期。
③ M. S. S. Morton, *Management Decision Systems: Computer-Based Support for Decision Making*, Division of Research, Graduate School of Business Administration, Harvard University, 1971, p. 1.

新公共管理理论为解决监管机构资源匮乏而被迫演化出的"按需监管"路径，用清晰有序的风险评估框架取代了过去凭空想象的资源分配顺序，实乃既定禀赋下公共治理能力提升之"自然选择"，在法国之外的其他国家发展迅猛。彼时学界前瞻性地指出，自动化应用"人为打压数理分析的地位，为获得似是而非的简化结果毫无原则、不计后果地对某些因素进行加权并赋予相对重要性"；① 对美国大型城市公共信息系统的早期实证研究也表明，鉴于某些公共任务本身所蕴含的政治属性，不能一味地让计算机系统在"涉及公共权利的事项上为所欲为"。②

不过，这些理性的呼声几乎完全湮没在新公共管理理论学者对"解构"、"非领地化"和"变样"的狂热之中，技术层面的高歌猛进与传统古德诺行政二分论和韦伯科层制论的节节败退形成鲜明对比，很大程度上满足了激进派"掀起一场官僚制度革命"的主观想象。即便是与新公共管理理论学者所倡导的"层层契约制"格格不入的新公共服务理论学者，也大多坚信技术进步将促进社会福利的雨露均沾——算力提升让过去难以协同一致的计算机系统可以合乎逻辑地彼此联动，极大地消除了管理部门之间的隔阂，使得"系统遗留问题得以自然消解"。③ 在技术裹挟治理的大趋势下，公域软法的重要性日益凸显。

二、自动化应用的角色与功能变迁

将集体协商和网络治理贯穿于公共服务的获取和传递之中，轻"个体偏好的简单叠加"重"利益相关者的对话与参与"，新锐公共价值管理理论学者不约而同地主张应跟随技术变革的脚步不断修正民主与效率的关系，但他们对自动化应用的评价却呈现出两极化趋势。莱顿·安德鲁斯（Leighton Andrews）认为，技术进步促进了公共服务有效和规范地传递，是对缺乏专业决策、响应迟延和服务标准化匮乏的官僚主义的矫正，能够有效促使"技术

---

① G. C. Christie, An Essay on Discretion, *Duke Law School*, 1986, p. 747.

② A. Northrop, K. L. Kraemer, D. Dunkle, & J. L. King, Payoffs from Computerization: Lessons over Time, *Public Administration Review*, 1990, pp. 505−514.

③ P. Dunleavy, H. Margetts, J. Tinkler & S. Bastow, *Digital Era Governance: IT Corporations, the State, and E-Government*, Oxford University Press, 2006, pp. 1−15.

官僚的角色从管理者向公共利益共同创造者和维护者转变"。① 对此，利普斯基（Lipsky）针锋相对地指出，"公共服务的核心，在于自然人可以而机器人却难以实现的'推理和决策'"，借此唱衰公共行政领域的自动化应用。②

利普斯基的上述悲观言论至今已经过去十多年，在公共治理领域，无论是行政部门、人事部门还是公共企业乃至司法部门，其自动化应用不仅有增无减，还大有百花齐放之势。2016年，美国威斯康星州最高法院在"州政府诉卢米思案（State v. Loomis）"中正式认可法官借助自动化系统进行量刑裁判的合理性与正当性，意味着人工智能对司法的影响从辅助层面正式进入实质层面。长期引领工会斗争之风的威斯康星州的这一举动，旋即激发了学界对公共治理领域自动化滥用的担忧。连司法量刑裁判都可以通过自动化系统完成，人工智能技术的应用是否还存在边界？自动化帝国主义侵入传统的司法审判领域引发了几乎是规律性的部门法学者的反思和诘问，例如，人工智能能否真正模拟法律议论？③ 机器学习何以辅助事实认定？④ 在管理部门"数字化"的大背景下，自动化应用作出价值判断的合法性基础何在？⑤ 如何针对平台用工、电子交易等公共治理样态引入新的类型化规则？⑥ 在智能社会中消除异化、促进人的自由全面发展所需要的法律保障是什么？⑦ 上述法学论题在回应和补充公共管理学科相关研究的同时，也带来了方法论上的启示：我们究竟应当如何定性公共治理领域的自动化应用？管理效率的提升能在多大程度上正当化自动化应用对公众权利的侵蚀？

---

① Leighton Andrews, Public Administration, Public Leadership and the Construction of Public Value in the Age of the Algorithm and "Big Data", 97 *Public Administration* 2, 2019, pp. 296–310.

② M. Lipsky, *Street-Level Bureaucracy: Dilemmas of the Individual in Public Service*, Russell Sage Foundation, 2010, pp. 5–6.

③ 参见季卫东《人工智能时代的法律议论》，《法学研究》2019年第6期。

④ 参见栗峥《人工智能与事实认定》，《法学研究》2020年第1期。

⑤ 参见 M. Veale & I. Brass, Administration by Algorithm? Public Management Meets Public Sector Machine Learning, in K. Yeung (ed.), *Algorithmic Regulation*, 2019, pp. 121–149。

⑥ 参见蒋舸《作为算法的法律》，《清华法学》2019年第1期。

⑦ 参见孙伟平《人工智能与人的"新异化"》，《中国社会科学》2020年第12期。

三、法律规制的当前聚焦

推进国家治理体系和治理能力现代化，一直是我国全面深化改革的总目标。从效用增益的角度来看，公共治理领域的自动化应用符合从传统社会治理体系向科技社会治理体系转型的大势所趋。为推动经济和生产尽快复苏，各地方政府"分区分类分级"多措并举，利用互联网技术采取网络化、集约化审批。公共管理部门对自动化决策的追捧，还源于自动化系统能以更高效率和更低成本实现"温故而知新"。在北京，城市管理综合行政执法局通过对海量投诉举报电话的机器分析，得出每年夏季晚间某固定时段占道经营违法行为增多的结论，结合指挥系统的位置信息，集中调配执法力量，实现科学执法；在江苏，公安部门的犯罪预测系统已覆盖超过百种常见的违法犯罪行为，犯罪治理活动从事后打击转为事前预防；在河北，导诉机器人、手机立案平台、多元解纷结果预测系统为群众提供了像"新零售""网络店"一样方便的纠纷解决服务渠道。

需要特别强调的是，各类自动化系统远非尽善尽美，也并非在所有领域都比自然人做得更好，甚至在多个应用场景中问题频现。[①] 例如，在缺乏科学论证的基础上，纽约州曾率先利用预警保护系统来鉴别具有"严重家暴倾向"的父母，并对"高危儿童"进行隔离保护。该系统不仅没有大幅降低虐童事件的发生概率，还造成了上万正常父母同其子女的被迫分离，上线不到半年就引发众怒。美国宾夕法尼亚州用于提供替代性制裁矫正犯罪管理画像的坎帕斯风险评估系统（CAMPAS）被指控存在严重种族歧视的倾向：在该系统作出的犯罪高风险判定中，犯罪主体中的黑人数量竟然是白人数量的两倍以上；在系统看来，即便是有多次前科和犯罪指控、经济状况欠佳的白人，也比接受过良好教育、无任何不良嗜好的黑人犯罪风险更低。2019 年 4 月，逾 4 万名居民对密歇根州政府提起了集团诉讼，起因是政府用于反骗补、欺诈行为的米达思预测系统（MIDAS）的出错率高达 93%，致使数万申请人被无端惩戒。

从世界范围来看，有关自动化应用的立法建议早已渐次成形，但多墨守自动化应用为自然人辅助之成规，致使"组织性无序"和"程序性滥

---

① 参见苏宇《算法规制的谱系》，《中国法学》2020 年第 3 期。

用"屡禁不止。"这是一种极为寻常的经验，这也是全球化所指。"① 究其根源，碎片化的规则探寻容易缺乏对自动化应用特征共性的整体把握，造成个别小体制对抽象的大体制的掣肘和抵消。纵使试错成本高昂、技术性矫正手段相对匮乏，公共治理却不可回头地染上了人工智能时代的自动化底色，"人类正在从持续了千百年的物理实体社会跨入新兴的虚拟数字社会"，② 涵盖法学理论、司法实践和制度规范的法律转型升级早已是"箭在弦上"。

第二节　自动化应用法律规制的构建逻辑

长期以来，面对公共治理的数字化、公式化和模型化，新公共管理理论学者和新公共服务理论学者倾向于笼统地将技术进步视为官僚主义从韦伯式的公共利益行政廉洁和公正模式向新公共管理范式转变的驱动力，而公共价值管理理论学者却不由自主地沉浸在对技术变革远期风险的悲观情绪之中，此间的价值观割裂，须在对日新月异的不同类型的自动化技术区别对待的基础上予以修复。

一、自动化应用的维度区分

以人工智能颠覆传统公共治理手段为视角，自动化应用可以由远及近、由浅入深地划分为三个维度。第一维度是基于数据库编码的计算机自动化（1980 年后），可以近乎完美地替代基层公务员实现"唯手熟尔"的重复性基础工作和流程性工作，例如，将电话或通信分类到正确的联系人、审阅数份公共文件后提炼出要点和关键词、根据以往的公共文书来修改生成更新的交易文书等。③ 重复、简单的工作日益被高效、廉价的机器人逐步取代，大大提升了劳动生产率。④ 在第一维度，自动化决策对自然

---

① ［英］卢恰诺·弗洛里迪：《信息伦理学》，薛平译，上海译文出版社 2018 年版，第 427 页。
② ［美］吴霁虹·桑德森：《众创时代》，中信出版社 2015 年版，第 1 页。
③ 参见左卫民《关于法律人工智能在中国运用前景的若干思考》，《清华法学》2018 年第 2 期。
④ 战东升：《挑战与回应：人工智能时代劳动就业市场的法律规制》，《法商研究》2021 年第 1 期。

人的取代在于计算机具有更强信息处理能力的事实。

第二维度是基于机器学习的算法自动化（2010 年后），其实质是作为编程理论典范的通过"规则本原的逻辑"，在范围不确定的环境中进行逻辑推导或模式识别，替代自然人实现"温故而知新"的基础性预测工作与规范性鉴别工作，但常因系统失灵多次给社会带来极高的"矫正成本"。在欧洲地区不止一次出现这样的情况，例如，法国银行间通用的客户资信考察系统，曾一度拒绝为单亲家庭成员提供住房贷款；英国铁路部门的智能审核系统把关不严，超额滥发多张特许经营执照。近年来，亚洲各国也相继出现了"人工智能热"，技术外部性效应日益凸显，例如，超过 1/4 的韩国公共公司在人员招聘中使用智能面试系统。该系统可以检测面试者恐惧、喜悦和回避的面部表情，并结合其措辞、眼神活动和声调变化等细节，对面试者进行抗压能力强弱以及是否具备职场灵活性的判断。重压之下，各类面试练习班层出不穷，求职者支付天价补习费用，只为学习如何在机器面前"用眼睛微笑"。在第二维度，自动化应用导致的公权力扩张在于管理部门对机器学习技术能够作出准确而中立的预测的不当信赖。[①]

第三维度是多个机器学习模型相互交织、基于神经网络的超级自动化（2020 年后），现已彻底突破利普斯基所认为的自动化决策系统的"智能上限"，[②] 其获得识辨特定时期的法律和社会运行宏观规律、以超乎常人的洞察力来提供制度解决方案或进行价值判断的能力的奇点临近。在第三维度，自动化应用以管理部门为载体，表面上看起来是被公权力所"收编"，实则将"权威从个人转向由算法构成的网络"。[③]

二、公共管理理论的立场辨析

将以上述三个维度作为基本线索，交叉比对相关研究后不难发现，新公共管理理论学者出于对第一维度机器自动化成功的认可，公共价值管理理论学者出于对第二维度算法自动化失灵的担忧，分别对第三维度超级自

① 参见陶盈《机器学习的法律审视》，《法学杂志》2018 年第 9 期。

② M. Lipsky, *Street-Level Bureaucracy：Dilemmas of the Individual in Public Service*, Russell Sage Foundation, 2010.

③ Y. N. Harari, *Homo Deus：A Brief History of Tomorrow*, Random House, 2016.

动化的崛起大异其趣——形成要么过于乐观、要么过于悲观的两极判断。实际上，公共治理领域第二维度或第三维度的自动化应用，其前景定然介乎于二者之间；正如法学家们多倡导对技术变革的"理性冷漠"，跳出人工智能的应然与实然之争，转而就已经出现的问题和即将出现的问题寻求应对之策，提出了代码正义观和算法正义观等新型法权理念。① 在智能社会语境下，需要密切关注的是公共治理领域自动化应用已经产生的第二维度困境和必然面对的第三维度风险，借此反思人工智能促进公共治理体系和治理能力现代化所需的必要法律保障，进而为公共治理领域自动化应用的制度设计明确方向。

三、传统法律应对的局限与失灵

对于自动化决策崛起所带来的法律挑战，世界各国主要采取了三种传统方式加以应对：以个人信息权益为核心展开的隐私保护立法、以因果辨析和流程透明为导向的可解释性合规要求，以及覆盖个人信息处理全过程的完整履责链条。这种看似完备的"事前—事中—事后"的规制范式，在实践中面临可行性和可欲性难题。一方面，法律规则之于技术嬗变的更高站位，源于立法者制定规则时运用的思维和智识合理性，即立法者是否可以突破当前自然科学以及宗教伦理所框定的藩篱，超前布局应对技术必然带来的权力异化与权利式微；但就目前而言，立法者在自动化应用第一维度和第二维度已经完成的知识积累，尚不足以应对第三维度自动化应用可能带来的法律挑战。另一方面，"问题驱动型"的立法应对模式并不自然催生令人向往的制度生态，即便具备技术可行性的法律规则，也未必长期符合相关主体的合理利益诉求；大众的狂热和盲从常因理性的回归得以修正，而追逐自身利益最大化导致的立场转变，或让原本就举步维艰的立法回应不堪一击。在这个意义上，既有"事前—事中—事后"规制范式的脆弱性显而易见——"可欲性"沦为为达到"可行性"而进行的说理手段，但"可行性"却难以带来"可欲性"的法律效果。具体而言，无论是以个人信息权益为核心展开的隐私保护立法，以代码公开和流程透明为导向的可解释性合规要求，还是覆盖个人信

---

① 马长山：《智能互联网时代的法律变革》，《法学研究》2018 年第 4 期。

息处理全过程的完整履责链条，都不具备严格意义上的"规则圆满性"，在实践中屡被架空。

其一，"告知—选择框架"广泛被各国立法者前置为个人信息处理全周期的"第一闸口"，使得隐私保护争议在司法审判实践中常被定性为合同纠纷。在令人瞩目的"刷脸第一案"中，杭州市人民法院判定动物园不当采集公民生物特征信息，但胜诉的原告郭兵仅就合同利益损失和交通费补偿获得了1038元的偿付。① 这样的判决结果显然无助于遏制被告动物园继续"店大欺客"，强推其他"技术入园"的自动化应用尝试。更重要的是，长篇累牍用户协议下的"告知"实际上是毫无诚意的"告知"，授权俘获机制下的"选择"也未必是真正意义上的"选择"。② 现行法判定信息主体是否因充分"被告知"而作出真实意思表示"选择"的审查标准，只是技术方是否履行了最低信息披露要求，这实际上是以自动化应用技术主体的行为违法性评价取代了信息主体的法益保护评价，难以对信息主体的隐私侵害提供充分救济。

其二，强行代码公开将必然导致知识产权保护和投机式对抗方方面面的阻力，可解释性合规要求取代算法公开成为"退而求其次"的法律选择。立法者看到的是一个规定可解释性合规要求就足以让自动化应用可解释的世界，但正是这种不切实际的理想愿景导致了技术发展与法律滞后之间的巨大鸿沟。随着自动化应用从第一维度和第二维度逐渐向第三维度转换，机器学习模型和卷积神经网络的复杂程度呈指数级递变，就正如再强势的父母也无法完全预设子女的人生选择那般，一旦进入全自动更新换代的状态，自动化应用的造物主也可能退居次席，成为仅仅掌握底层代码的"局外人"，甚至对自动化应用的脱缰束手无策。③ 即便是在自动化应用复杂度相对有限的第一维度和第二维度，考虑到信息主体通常不具备相关理论知识背景，要就自动化应用的运作机理与决策方式作出准确且外行人也能理解的解释，往往徒劳无功。更有可能的情况是，信息和技术的双重优势地位必然带来监管套利的空间，解释和说理的方式最终将完全取决于经济和政治目标，致使信息主体在"半哄骗半威吓"的情况下掉入任人宰割的陷阱。

① 《杭州人脸识别案终审：野生动物世界赔偿并删除原告信息》，"人民日报"百家号，2021年4月9日，https：//baijiahao.baidu.com/s? id=1696551429380752192&wfr=spider&for=pc。

② 丁晓东：《论算法的法律规制》，《中国社会科学》2020年第12期。

③ 参见李晟《略论人工智能语境下的法律转型》，《法学评论》2018年第1期。

其三，当自动化应用失灵损害当事人利益时，自动化应用的使用方未必是唯一应当承担责任的主体，技术开发公司（以下简称"技术开发方"）、信息处理方乃至看似中立的平台也是潜在的责任方。但是，在实践中，每一层法律关系之间，可能存在环环相扣的免责条款，出于对当事人意思自治的尊重，此类条款不宜随意被强行法排除。此外，理想化的完全履责链条高度依赖侵权责任，其本质是基于合同相对性的信义义务约定，通常以具有直接近因的法律关系为限。况且，一旦自动化应用进入第三维度，自动化应用所依托的非自然人载体将取得独立法律地位，① 此时，传统的信义义务关系又可能陷入自指悖论——依照信息主体要求提供专业化服务的自动化应用，究竟应当被视为对其载体享有支配权的运营方的代理人，还是为信息主体实现特定目的的代理人？在双方代理绝对禁止的情况下，基于信息、知识和能力的不对等而产生的信义义务极有可能出现指向劈叉的情况。总而言之，功能主义的立法范式，长期落后于技术突飞猛进带来的破坏式创新，夹杂着概念层面的模糊和失序，最终导致了个人权利的虚化。

第三节　法律保障与法治转型的全新面向

以自动化应用的维度区分为基础，以公共管理理论的立场辨析为坐标，以传统法律应对的失灵为警醒，公共治理领域自动化应用法律规制的完善方向可以从宏观、中观和微观三个层面展开。

一、宏观技术共治：以程序透明取代代码透明

由于缺乏可用于计算的个人信息的积累，公共管理部门经常需要同掌握大数据的私营企业或者平台合作，这种权力"外包"颠覆了传统的权力专属原则和正当程序原则。② 具有准公权力的企业和平台横亘在政府与

---

① 参见彭诚信、陈吉栋《论人工智能体法律人格的考量要素》，《当代法学》2019 年第 2 期。
② 参见马颜昕《自动化行政方式下的行政处罚：挑战与回应》，《政治与法律》2020 年第 4 期。

市场之间，公权力、私权力（准公权力）和私权利的多方博弈可能不仅没有给普罗大众带来实质性利好，反而造成高度技术化的管理部门和持"尚方宝剑"的平台寡头对身处信息弱势地位的普通民众的"轮番算计"。外溢出来的公权力难以监管，可能迅速呈现出私有化、商品化和官僚化的异化趋势；生产个人信息和积累行为剩余，或将成为个体受众在"监视资本主义"下的唯一价值。① 自动化应用构建于海量个人信息的处理之上，而个人信息处理活动包含信息主体、信息处理主体以及社会公众三重利益。从个人信息安全的角度来看，自动化应用规制的微妙性体现在，当信息处理主体以压倒性的技术和信息优势侵蚀信息主体的合法利益时，政府不宜直接介入信息主体和信息处理主体之间的利益分配，而只能以社会公众利益为导向对信息主体和信息处理主体之间的利益失衡进行力所能及的纠偏。依照计算风险规避效用的汉德公式，对管理部门"公共使命"和平台企业"社会责任"的笼统强调，远不如反其道而行之，直接从代码入手、从源头解决问题具有更高法益。如何以权利保护和责任落实为核心，以"技术倒逼技术"为手段，让国家公权力与社会私权力所形成的在一定程度上"去中心化"的共谋治理机制更加贴近人民群众对技术变革的理想期盼，是未来立法工作的重中之重。

无论是哪个维度的自动化应用，算法程序的运行皆以代码为基础，因此，通过代码对自动化应用实施逆向管理在理论上可行。外观上，代码是具备技术中立性特征的系统语言，但这并不意味着代码的组合就不能进行价值负载。实际上，基于代码的自动化应用，或多或少包含了所有者、利用方、程序员等的私心与偏见。"法官对于法律用语不可任意赋加意义，毋宁须以受法律及立法者拘束的方式，来发现法律的语义内容"，② 但是，自动化应用的创造者和改造者，大多是未经过任何系统法律训练的程序员，是"996""724"高强度工作制下的"螺丝钉"，他们只能依照自己对拟达成目标的浅见以及对相关规则内涵的揣测，将鲜活的语义转化为毫无情感的代码，进一步完成机器模型的建立，使得自动化应用背后的计算机语言不仅不能精确地转译规则的实际含义，还会因为程序员的个人好恶、理解偏差而与原本预期相去甚远。以美国公共福利系统的失策为例，

① 参见张凌寒《算法权力的兴起、异化及法律规制》，《法商研究》2019 年第 4 期。

② ［德］卡尔·拉伦茨：《法学方法论》，陈爱娥译，商务印书馆 2003 年版，第 34 页。

美国科罗拉多州公务员曾经误将"无家可归"错误解读为"行乞为生",使得本应获得政府救济的流浪汉们被自动化审核系统拒之门外。[1] 在代码化过程中因语言理解和事实认定产生的巨大差异,以过失和疏忽为构成要件的一般侵权责任以及以信义义务为核心的事后审查机制都于事无补,只能通过更精确的代码语言来减少转译过程中偏差和耗散。在宏观层面,与其让算法"透明化",不如让程序员的代码写作过程"透明化";可以考虑以技术手段构建专属于程序员群体的阐释和说理场域,通过交流和相互探讨的方式将模糊的概念精确化,使得自动化应用底层代码中的逻辑连锁推论可以更好地适用于意义涵摄,并通过完善中间步骤的方式更为准确地定义终局概念。

二、中观价值位阶:场景理论的技术规制图景

自动化应用对公共治理的介入,需要对各类信息进行数字化改造,在克服表达障碍后,主要依据概率计算而非演绎推理的基本逻辑来行使公共职权。在机器学习和神经网络的加持下,第二维度的算法自动化已经可以熟练进行法律规则适用的三段论推理乃至辩证推理,但当下第三维度的超级自动化即便通过模型累积递归、交叉话语博弈也难以作出公正的价值判断。理论上,价值判断的命题群可被结构性改造以实现整体客观性,但不同的应用场景和语境必然对应不同次序、不同权重的价值元规则。在技术共性规则之外,法律应就不同公共治理领域(例如卫生、医疗、教育、司法、社会保障等)所面对的技术社会化应用场景,分门别类地填补具体的、颗粒度更细的法律规则以实现公共管理的提质增效,场景理论介入自动化应用规制具有了合理性基础。

场景理论提倡以情境为导向考察自动化应用的风险水平,相应制定与风险程度相一致的规制策略和规则,亦即"贴合现实的法律应对",其理论根源是传播学家梅罗维茨(Meyrowitz Joshua)的情境理论(Contingency Theory)。[2] 海伦·尼森鲍姆(Helen Nissenbaum)将情境理论延伸至信

---

① Frank Pasquale, *The Black Box Society*, Harvard University Press, 2015, p. 165.
② 参见 J. Meyrowitz, *No Sense of Place: The Impact of Electronic Media on Social Behavior*, Oxford University Press, 1986, pp. 1-12。

息科学领域，发展出了基于"场景一贯性"的社群主义隐私产权理论。[①] 提倡结合参与者、个人信息类型和流动样态三大关键要素，判断自动化应用的风险是否超过信息主体的合理预期。美国《消费者隐私权利保护法》与欧盟 GDPR 是将场景理论引入立法的典型代表，前者对"场景自治"进行了专章规定，认为个人隐私受侵害程度同因违反信息传播规则导致的场景破坏程度息息相关；后者要求自动化应用的利用方在事前考察信息处理活动的"性质、范围、语境与目的"，并主动向监管者提出潜在风险的应对措施。

不过，美国和欧盟的立法实践，均未跳脱出传统的自动化应用的规制思维，不仅未能真正实现场景理论介入自动化应用规制本应带来的监管效率提升，甚至起到了同预期完全相反的效果。《消费者隐私权利保护法》所规定的"场景自治"主要作用于传统的"告知—选择"框架，在实践中反而导致了对自动化应用"目的拘束原则"的扩大解释，[②] 增加了某些自动化应用和个人信息处理活动的合法性基础，使得自动化应用的流弊变本加厉。GDPR 的相关规定本来旨在明确自动化应用利用方的风险管理责任，以区分情境适当增强或降低外部执法威慑的手段，保障自动化应用的风险"可防可控"；但是，过于教条的法律规定带来了"执行难"的问题，欧盟各成员国依照 GDPR 制定本国信息保护法时，只能着眼于依照情境适当强化或削弱自动化应用利用方的信息披露义务，并同步赋予信息主体是否继续授权的权利，这就又回到了毫无新意的"告知—选择"框架上。

回到自动化应用的本质，无论是第一维度的自然人决策辅助，还是第二维度的人机交互决策，抑或第三维度的高等自动化，自动化应用必然会因为运用主体的不同、针对对象的不同以及所涉及问题的不同具有大相径庭的性质，就此而论，场景理论介入自动化应用规制的根本目的，应当是根据不同场景确定不同的规制方式。由于自动化应用的风险与日俱增且难以被当事人察觉，不同的风险场景"依其位阶衡量轻重"的规则设计需以系统化构筑技术风险管理体系为目标，将主要风险管理责任配置给自动化应用的使用方、次要风险管理责任配置给相关公共管理部门，开创齐心

---

① 参见 H. Nissenbaum，Privacy as Contextual Integrity，*Washington L. R.*，2004，p. 119。
② 参见郭春镇《对"数据治理"的治理——从"文明码"治理现象谈起》，《法律科学（西北政法大学学报）》2021 年第 1 期。

共治、多措并举的合力局面。公共价值管理理论学者虽然对自动化应用的评价褒贬不一，但大多都认可辩证地看待自动化应用的社会效益。从场景理论的视角来看，不同的场景，一定对应着不同的自动化应用的"社会最佳活动水平"，场景化法律规则，正是以宽严相济的动态规范方式，促使自动化应用无限趋近符合现实情况的"社会最佳活动水平"，借此来实现公共效益的"帕累托最优"。在这个意义上，法律是技术领域国家宏观调控的重要抓手，动态的风险控制机制是确保自动化应用"技术向善"不可或缺的法律保障。

三、微观权利保障：防止自然人决策名存实亡

目前，公共治理领域的自动化应用处于从第二维度向第三维度的过渡阶段，具体表现在：自动化系统占有、处理承载着社会利益的大数据，从单纯的技术工具逐步升级为通过嵌入社会权力结构发挥作用的"准公权力"。随之而来的格局很可能是，自动化系统的应用范围越来越广，专属于人类的决策空间和社会沟通被渐次压缩：公共管理和服务中的各个环节越来越多地被算法事先预设，通过大数据反映出来的趋势和评价会限制和迷惑自然人的推理与判断，也必然会削弱管理部门的自由裁量权。本来希望通过技术来确保公共治理的中立和客观，结果却很可能完全抹除自然人独有的通时合变的人情味，让冷漠、机械、独裁的自动化决策大行其道，① 同新公共管理理论所倡导的"公民权理念观"和公共价值管理理论所强调的"协商机制"背道而驰。反过来，自动化系统的专断又将逐渐影响大众群体的行为规范，在人机相互适应的过程中不断强化"算法绝对主义"。职是之故，法律的首要任务，是从社会整体利益的角度防范公共治理领域中的自动化霸权，亦即从宏观层面防止自然人决策名存实亡。

早在自动化应用的第一维度时期，人们就已经意识到，只有在决定自身利益的关键事务上享有积极参与的权利，才能在知识、经验和道德上维持一以贯之的卓越。出于对机器超越人类的无形恐惧，欧盟立法者在1995年的 DPID 第 15 条率先规定了"脱离自动化决策权"的雏形："信息主体享有免受基于用户侧写的完全自动化决策的权利。"在此后的 20 年

---

① 参见许中缘《论智能机器人的工具性人格》，《法学评论》2018 年第 5 期。

中，虽然自动化应用已从第一维度向第二维度跃迁，但"脱离自动化决策权"在各成员国法院的审判实践中几乎从未发挥任何作用，[①] 被戏称为 DPID 中的"二等权利"。即便如此，GDPR 第 22 条概括继承了 DPID 第 15 条，还进一步拓展了"脱离自动化决策权"的行权对象和适用范围，赋予相关人完全脱离自动化应用对其作出的具有法律后果的决策的权利，足见"脱离自动化决策权"在自动化应用从第二维度向第三维度跃迁背景下的特殊意义。

为了使"脱离自动化决策权"脱离"二等权利"之称谓，欧盟各成员国通常将 GDPR 第 22 条作为赋权性条款解读，但由于普遍缺乏对第三维度自动化应用的准确理解，原本就过于抽象的"脱离自动化决策权"在实践中广泛存在与"更正权"竞合之表象、与"获解释权"补强之曲解以及与"被遗忘权"混同之误判。界定"脱离自动化决策权"的内涵应当回归自动化应用的维度划分，权利内涵在基于数据库编码的计算机自动化场景为脱离信息采集，在基于机器学习的算法自动化场景为脱离用户侧写，在基于神经网络的超级自动化场景为脱离平台交互。[②] 在"更正权"、"获解释权"和"被遗忘权"之外，公共管理学者还提出了"陈情权"、"离线权"和"注意力保护权"等概念，这些形形色色的具体权利，既是"脱离自动化决策权"的细化表达，也是在自动化应用大行其道的背景下，以更高程度的人类干预取代较低程度的人工介入的理性呼吁。总之，自动化应用的维度跃迁，急需微观层面的新型个体权利予以应对；坚持问题导向和目标导向、围绕"促进人的全面发展"构建权利簇，正是"以良法促进发展、保障善治"的题中之义。

本章小结

公共治理领域的自动化应用，完全不同于私人部门的自动化应用。传

---

① 虽然"脱离自动化决策之诉"客观存在，但是双方的争论焦点是决策是否完全由自动化应用作出，而非"脱离自动化决策权"的行权方式与行权效果。参见 Cour de Cassation, Chambre criminelle, Audience publique No de pourvoi, *Publié au bulletin*, 1998, pp. 97–81。

② 唐林垚:《"脱离算法自动化决策权"的虚幻承诺》,《东方法学》2020 年第 6 期。

统侵权责任规定和信义义务创设，足以应对大多数私人领域的自动化妨害，基本能在合同相对方的信义义务框架内解决问题。但是，公共治理领域的自动化失控，却极有可能给整个社会带来类似环境污染一样的"公共妨害"，其本质是技术外部性扩散所引发的社会成本向广大弱势群体的不合理转嫁，若不加以控制，定然会随着公共数据库的污染日趋积重难返；① 将当代公共管理理论已确立的规范价值作为对标，跨学科对公共治理领域自动化应用的动态法律思考迫在眉睫。

"法者，治之端也。"法律的终极原因是社会福利，技术亦然。自动化应用介入现代化治理的持续与有序，有待整合社会各方力量，形成跨领域的、立体的协同合作体系来推动技术和法律的共同演进。② 在这个协同体系中，公众社会利益拥有压倒性考量，而权力制约和权利保护应共存并行，平衡自动化应用载体的内部治理系统和外部监察制度，既是实现以"智"提"质"治理的重要基石，也是用新发展理念引领发展全局的内在要求。如此这般，方能真正促进全面依法治国的制度优势与势在必行的技术治理之间的交流与相互增益。③

从下一章开始，本书将从微观的角度入手，检验并延伸本章节的宏观论述。分论一首先探讨了算法责任构建的一般性原理，并结合历史上颇受关注的马法之议，论证个人信息保护法的坐标定位。分论二秉持"人本主义"，分别探讨了较为抽象的"脱离自动化决策权"以及较为具体的"免受算法支配权"的权利进路。分论三立足于现实领域算法治理的实际需求，探讨了公共卫生领域算法治理的范式优化，并对刷脸支付领域的相关法律问题进行了系统性的阐释。"总论+分论"的写作，共同构成了算法治理与治理算法语境下的学理性阐释、规则性提炼、前瞻性构思和写实性叙述。

---

① 唐林垚：《人工智能时代的算法规制：责任分层与义务合规》，《现代法学》2020 年第 1 期。
② 参见彭中礼《智慧法治：国家治理能力现代化的时代宣言》，《法学论坛》2020 年第 3 期。
③ 唐林垚：《公共治理视域下自动化应用的法律规制》，《交大法学》2022 年第 2 期。

分论一

算法责任体系与马法之议新论

第二章　算法责任的基本原理及通用理论构建

总论部分的分析表明，技术变革未必带来社会福利的雨露均沾，基于算法的自动化决策技术尤其如此。事实上，过去的 60 多年，[①] 算法在各个行业和领域的应用并没有因为减少成本、提高效率而走上风险对冲、普惠大众的正轨，反而因科技的过度加持令商业屡屡挣脱法律和监管的束缚，不断陷入监管套利的轮回。[②] 一方面，智能服务与算法决策具有跨平台、无限链化等特殊表征，造成义务主体虚化，致使传统监管手段难以发力；另一方面，当代科技公司多推崇扁平化管理，尚未建立健全的内控机制，也未形成有效的科层制约。"技术上的不可控性使得算法与人的行为分离，导致人的行为与引发的责任的分离，传统法律中'行为—责任'的逻辑链条被算法的自动决策切断，从而使传统的规制手段无法有效作用于算法系统。"[③] 国务院《新一代人工智能发展规划》指出，适应人工智能发展的基础设施、政策法规、标准体系亟待完善，确定算法责任已是"箭在弦上"。作为分论部分的起始，本章结合中国国情，着重探讨算法责任的理论构建。

第一节　算法责任的归责原理

本质上，人工智能机器人通过算法活动映射传统专业服务中的法律关

---

① 1959 年，马文·明斯基（Marvin Minsky）在麻省理工学院建立第一个人工智能实验室，距今已有 60 多年。

② 本书的"监管套利"是指人工智能的运用产生机器人取代自然人的新情况，导致制度、规章和法律缺失，算法运营商借机获取超额利润、转嫁成本。

③ 张凌寒：《算法权力的兴起、异化及法律规制》，《法商研究》2019 年第 4 期。

系并替代自然人实现特定目的。算法活动既是新旧法律关系交替、变更和消灭的直接近因，也是人工智能得以"凌驾于自然人之上"的技术手段，相关的法律规制应着眼于对算法活动中公共利益和个人权利的协调与冲突防范。① 大数据驱动算法语境下法律责任的内涵，较之于传统的法律责任定然有所不同，因此必须穿透算法活动本身来构建人工智能主体识别和责任分担的法律规范。"算法公开、个人数据赋权、反算法歧视是传统的算法规制方式，但机械适用这些方式面临可行性与可欲性难题。"② 以科技增进社会福祉为导向的法律法规重构，毋宁突破民商法传统思维中人与物二元分立的理论局限，为智能机器人终将获得独立法律人格留有充分余地，并在减少算法操纵、信息寻租等机会主义行径的同时，为科技发展提供坚实的制度保障。算法责任的明晰关乎算法妨害救济与外部性治理，是人工智能法律法规、伦理规范和政策体系的基础理论支撑。

一、挣脱个人信息保护的篱藩

信息公平被定性为后工业时期防止社会割裂的制度理念，③ 并以此作为构建市场资源均衡的规范性前提，引致试图一视同仁的信息保护法律在制度设计之初缺乏对精英集团与平民集团的不可逆分化以及垂直社会向水平社会转型的周全考虑，最终造成信息贫富分化的马太效应。从动态的、市场的视角来看，信息本身是一种重要的战略资源，这使得保密制度的灵活运用成为一种功利性的竞争工具。过去的 10 年，通过秘密技术获得的市场优势使"专利财产权"更具吸引力。在美国，以保护商业机密为导向的各州立商业"护犊"条款、《涉密案件程序法》、《信息自由法》和《商业秘密保护法案》等，④ 让凌驾于普通人之上的技术寡头和金融机构无休止地以保护商业机密为幌子，免于公布算法代码、免于接受公众调

---

① 工业和信息化部《促进新一代人工智能产业发展三年行动计划（2018—2020 年）》曾指出，智能产品的培育、核心基础的强化以及智能制造的深化发展均以"算法关键技术革新"为要旨。

② 丁晓东：《论算法的法律规制》，《中国社会科学》2020 年第 12 期。

③ 袁峰：《信息公平与政府责任》，《政治学研究》2005 年第 4 期。

④ 美国各州都对当地企业特别保护的相关立法，例如，赋予特定的收购审查委员会审查要约收购的价值以及收购方信息披露是否充分的价值审查条款等【例如 Louisiana Revised Statue Annotated，§51-1501（Repealed 1987）；Pennsylvania Consolidated Statutes，§74（Supp. Repealed 1987）】。商业秘密保护通常是价值审查的重点关注对象。

查。与之相对的是，以保护个人隐私为导向的《公平信用报告法》和《保密法》等在实践中被架空，导致强势群体对弱势群体的技术垄断和信息剥削。① 法律积极地保护商业秘密，却在涉及个人隐私时越来越沉默，为信息寻租留下隐患。诚然，并不存在完全公平的机会分配方式，但致力于迅速取得市场优势的科技寡头，甚至排斥使个人选择更加公平的最基本努力。②

利用保密协议、专利条款和封口规则，算法运营商将其经营活动模糊化、朦胧化，对普罗大众的生活细节却由于技术的多领域应用而越发公开。以"智能推送"和"个性化定制"为卖点，智能服务提供商诱使用户同意算法引擎分析个人信息并挖掘生活细节。在"用户至上"的伪装背后，他们"习惯于在供应商、政府和用户利益之间频频转换立场，以构建最大化自身利润的商业环境"。③ 鉴于此，算法运营商可能因利益冲突而对其用户个体造成非过失的故意妨害。即便用户不主动提供个人信息，以"周全服务"和"互融互联"为名，无处不在的匿名识别符系统、智能定位服务、高清摄像头、多功能传感器、手机应用插件和网站跟踪代码对个人行为轨迹的主动记录，早已将个体私生活抽丝剥茧，令任何人都避无可避。信息采集可以来源于多个渠道，新旧信息可能在算法决策中四处传播、频繁叠加、随意黏合，基于正当理由收集的信息也可能被不怀好意地用于其他目的。某一平台的废弃信息，可能转手就被打包销售给其他平台。更重要的是，通过种种信息挖掘，信用评级机构、搜索引擎、主要银行和商务平台，利用算法将信息转换成分数、排名、风险计算和具有极其重要后果的观察列表，并借此构建出一个个运作神秘的规范系统和评价体系，重新塑造每个人的"成长茧房"。④ 名誉伤害、机会限制和弱点显化作为算法决策的外部性，对大众群体造成公共层面的"伤害"。⑤

①　参见龙卫球《科技法迭代视角下的人工智能立法》，《法商研究》2020 年第 1 期。
②　参见杨东《监管科技：金融科技的监管挑战与维度建构》，《中国社会科学》2018 年第 5 期。
③　Frank Pasquale, *The Black Box Society*, Harvard University Press, 2015, p.5.
④　凯斯·桑斯坦（Cass R. Sunstein）最早提出"信息茧房"的概念，指网络化虽能带来更多的资讯选择自由，但公众只会注意到自己选择的东西和使自己愉悦的东西的信息领域。参见 Cass R. Sunstein, Neither Hayek Nor Habermas, 134 *Public Choice*, 2008, pp.87–91。这里作者以"茧房"作比喻，形容技术便利带来的作茧自缚。
⑤　参见张凌寒《商业自动化决策的算法解释权研究》，《法律科学（西北政法大学学报）》2018 年第 3 期。

算法妨害的公私混合性、积累性和不确定性等典型特征，不但是权利救济难以发挥的特殊束缚，也是建立算法责任所面临的理论障碍。① 鉴于算法活动的当下样态及发展趋势，以信息保护入手建立人工智能法律体系的尝试必然收效甚微，② 且面临社会割裂加剧的风险和合规成本陡增的弊病。问题的关键在于，如何定性算法活动不同于自然人活动的法律特征，并在此基础上从于公于私两个维度重构算法妨害的主体识别制度及责任分担体系，通过合理的算法责任构建倒逼人工智能技术利用从"隐私保护"向"社会责任"跃迁。

二、充分考虑智能服务的特殊性

算法活动的本质是"温故而知新"。无论是社会福利机构利用综合系统识别补贴申请诈骗、银行储户通过智能机器人投资顾问做投资计划，还是商业银行通过评分系统考察客户资信，抑或诉讼当事人操作案件分析软件寻求辩护策略，可以将完整的算法活动大体上归纳为三个典型步骤：第一，硬件终端通过深入信息挖掘，获取被服务（被监管）者及同类群体的原始信息，例如健康信息、金融数据、消费记录、浏览历史、行为言论、运动轨迹等；第二，算法程序在云端将处理整齐的信息输出为更整齐的概率、排名、风险、倾向、估值等评价和分值；第三，应用终端生成具有明确指向性的决策或预测报告，例如，搜索引擎实现竞价排名、自动驾驶系统规划行程路径、问诊机器人输出治疗流程、出行帮手定制自驾游方案、电商平台识别消费偏好并进行巧妙导购等。机器人的智能水平，与自然人在上述三个步骤中的参与程度呈负相关。③

从外观上看，算法服务呈现出典型委托代理关系的法律特征，包含信息或能力弱势方支付报酬以换取优势方专业服务的契约。从依靠知识提供特定服务的专业人士，到主要依靠智能机器人的算法运营商，传统专业服

---

① 参见吴汉东《人工智能时代的制度安排与法律规制》，《法律科学（西北政法大学学报）》2017年第 5 期。

② 算法社会的核心特点是（沿袭于信息社会的）权利和信息失衡——人工智能对我们知晓很多，而我们对其所知甚少。爱因斯坦说，我们不能用制造问题的方法去解决问题。

③ 这里的"呈负相关"是指机器人的智能水平越高，替代自然人行为的情况越多，需要自然人参与的行为则越少；机器人的智能水平越低，则需要自然人自己行动的情况越多。

务的法律关系在三个层面发生了改变并由此产生三个相关问题。第一，核心服务被前置化预设到算法程序中，智能机器人替代自然受托人接触委托人并提供专业服务，这是算法服务关系和传统专业服务关系的典型区别。当智能机器人成为委托代理关系中的受托人时，原先以自然人从业者为规制对象的信义义务体系将会面临适用困境。这就产生了如何将以自然人从业者为规制对象的法律体系在算法社会向度中进行重构的问题。第二，当算法失灵损害当事人利益时，算法运营商未必是唯一应当承担责任的主体，在智能服务的法律关系中有多个潜在的责任方。智能机器人可能由算法运营商所有，但核心算法程序未必由其开发，第三方机构或技术开发方也应对自己在设计匹配顾客特征和市场结构的算法时的可能过失负责。另外，智能机器人获得独立法律地位已经为期不远。① 一旦获得独立法律地位，智能机器人就是传统委托代理关系中的代理人，算法运营商和技术开发方则是传统委托代理关系中的被代理人。这就产生了如何超越传统委托代理关系、厘清并分配智能机器人、算法运营商和技术开发方的信义义务问题。第三，当算法只是在专业服务的部分环节替代自然人，或算法服务的部分运营依赖自然人校勘代码和监督输出时，因系统原因和人为原因造成的不良后果应区别对待。这就产生了如何规制算法活动台前幕后的自然人与算法的相对关系问题。

　　基于算法服务衍生的受托方信义义务，以算法运营商直接服务的商业客户和终端消费者为限，并不能够延伸至普罗大众。因违反信义义务而产生的侵权责任，在本质上是一种基于合同相对性的责任，无法保护合同之外的第三人。然而，算法活动完全有可能对合同关系之外的第三方造成妨害，例如，自动无人驾驶汽车（受托人）在送乘客（委托人）回家的路上，撞伤过马路的行人（第三方）；依靠信息分析公司（受托人）提供客户信用报告的民间融资机构（委托人），对申请贷款的小微企业主（尚未与之形成合同关系的第三方）施以惩罚性利率；通过在线招聘网站（受托人）进行校园招聘的大型企业（委托人），不给予被标签化为"参与课外活动不积极"的申请者面试机会（尚未与之形成合同关系的第三方）。在更多的情况下，算法运营商对公众的危害可能更加隐秘，例如，哈佛大学乔纳森·斯特兰（Jonathan Zittrain）教授和卡斯·罗尤（Cass Royal）

---

① 参见袁曾《人工智能有限法律人格审视》，《东方法学》2017 年第 5 期。

指出，脸书（Facebook）可能利用算法分析多国用户信息并进行战略性内容推送，以达到操纵终端用户在自己国家大选中改变阵营的效果。[①] 如果该控诉属实，受到伤害的是全体民众。同理，利用算法进行高频交易的证券投资公司可能引发市场崩溃，受影响的不仅仅是与之交易的对手，还是国民经济的全体参与者，甚至是全世界。

基于合同相对性的传统保护，对全新的商业样态不再适用。在 20 世纪初，现代工业社会催生了规模经济，随着分工细化，大规模批量生产的商品不再直接销售给消费者，而是通过中间商完成商品分配。1916 年，美国联邦法院在 *MacPherson v. Buick Motor Co.* 案中废除了当事人原则（Privity Rule）的适用，并指出了批量制造商所具有的公共义务：制造商不仅应对与其具有直接合同关系的经销商负责，还应对任何因其产品缺陷受到伤害的消费者及其家庭成员和旁观者负责。[②] 人工智能时代的智能算法规制，当然也需要受到此类判例的精神指引：在对客户的信义义务之外，算法运营商还应对普罗大众承担相应的公共义务。如何借用普通法智慧引导算法运营商履行社会责任，内部化不合理的外部性成本，也是构建算法责任需要考虑的重要问题。

三、兼顾技术普惠与公共责任诉求

以算法为核心的人工智能技术迭代和应用拓展，造成多个方面的监管困境。第一，算法运营商创造出了简化问题分析和弱化责任归属的技术黑箱，将错综复杂的伦理判断和法律关系藏于其后。每个人都可以观察到各项指标和信息的输入和输出，但作为局外人的普通公众和监管者均难以完全理解算法背后近乎匪夷所思的原理和互动机制。如果监管者无法准确定性算法活动的法律特征和潜在风险，就会导致外部监管失灵。第二，当特定智能服务损害个体私人利益时，只有极少数情况可以依照雇主责任原则直接追溯至程序员和操作者的失误——带偏见的信息、不合理的假设、有漏洞的代码。[③] 损害效应产生于算法构建以解决问题的框架，有时也隐藏

---

① 参见 Jonathan Zittrain, et al. , *The Science of Fake News*, Science Press, 2018, pp. 1094-1096。

② *MacPherson v. Buick Motor Co.* , 217 N. Y. 382, 111 N. E. 1050 (1916).

③ 参见赵精武、丁海峻《论代码的可规制性：计算法律学基础与新发展》，载张平主编《网络法律评论》第 19 卷，北京大学出版社，2016。

在信息挖掘的方式中。算法运营商和技术开发方常常作出貌似可信的言论，坚称其模型合理、信息可靠、结构夯实；但外人难以考证，即使是精通计算机的专业人士，对算法本身的评价也是仁者见仁、智者见智，更不用提基于机器学习的智能算法在自我迭代过程中，有可能写出令其造物者都雾里看花的代码天书。[①] 因此，以加害人过错为前提的普通侵权责任面临适用困境，阻绝了受侵害方的正常私力救济渠道。第三，商业巨头和技术官僚披上"科学"的外衣，以此排斥程序正义的合理诉求。通过对过往信息的充分解读，算法程序将用户标签化，在不知不觉间对个人贷款和就业的机会予以限制，对受众接收的信息和内容予以控制，对用户的心智模式进行操纵和重构。算法程序以上帝视角充当着"看不见的手"的角色，但整个过程毫无程序正义可言，致使受损害者权益保护的问题更加突出。第四，社会群体被暴露于算法活动的积累妨害之下，无法通过合同的方式得以避免，集体行动因"搭便车"问题严重而成本高昂。面对日益居于社会最佳活动水平之上的算法活动，[②] 当事人缺乏赖以保护自身的法律武器，规则制定长期滞后于技术发展，私力和公力救济渠道缺乏。

算法社会的初衷，在于节省成本、提高效率从而实现技术普惠。机器人作为自然人的替代品，可以更廉价地作出更多重要决策。算法本身可能克服人类在道德和能力上的缺陷，但拥有算法、利用算法的人或法人以及其他组织则不然。法律应当是确保技术回归普惠正轨的"有形之手"。人工智能时代的算法规制，不能仅仅关注信义义务责任闭环内，算法运营商和用户受众之间权利义务如何私下解决，[③] 还需要促进内部规范革新与外部责任重塑之间的携手"联姻"。鉴于此，算法责任的确立，应当充分考虑以功利为基础的私法自治规范与以道义为基础的公共责任诉求，以实现私人权利与公共利益的交流与相互增益。

---

① 参见 Ian H. Witten, et al., *Data Mining: Practical Machine Learning Tools and Techniques*, Morgan Kaufmann, 2016, pp. 468-478。

② 当经济活动超过社会最佳活动水平时，其收益会随着外部性成本的飙升而递减。参见 Keith N. Hylton, The Economics of Public Nuisance Law and the New Enforcement Actions, 18 *Supreme Court Economic Review*, 2010, p. 43。

③ 目前国内的实证研究，主要集中在算法运营商及其直接客户之间的纠纷解决与损害赔偿，要不然就是直接从某一法律学科出发，碎片式讨论人工智能对既有法律体系提出的挑战，鲜有文献关注到算法活动的公害属性并提出跨学科解决方案。

第二节　内部责任的时代新意

双层空间—虚实同构、人机共处—智慧互动、算法主导—数字生态的时代特征，使得既有法律规范对其难以进行有效涵盖和调整，既有规则逻辑的解释力日显困难，既有司法解纷机制也遭遇了明显障碍，因此，必然会引发关于主体身份、权利义务关系和法律责任等方面的重大法律变革与秩序重建。① 在人工智能语境下，基于传统委托代理关系的内部信义义务体系仍然有适用的必要，但需明确义务承担的适格主体，并使之与技术发展同步进行适应性调整与持续性创新，以兼顾人工智能法律标准规范的当前需求与长远发展。②

一、超越传统信义义务的平台责任

"平台经济"的蓬勃发展，让人们聚焦于算法运营商应当肩负的"平台责任"。平台责任的本质，是由多重委托代理关系所构成的责任簇，源于委托人和受托人之间能力、地位不对等而产生的信义义务。具体来说，传统委托代理关系是基于委托人与受托人约定，由受托人以独立的意思表示处置委托人委托事务的民事法律关系。受托人和委托人之间，往往有天然的信息、知识和能力的不对等，委托人常常处于弱势且难以监控其受托人的行为。因此，法律要求受托人遵守信义义务。无论委托代理关系的实质是什么，有两项核心义务构成受托人必须遵守的信义义务——注意义务和忠诚义务。这两项义务要求受托人必须以值得信赖的方式、怀抱善意、谨慎小心、以委托人利益为己任、以对待自身利益般理性且勤奋地履行职责，避免利益冲突，履行保密、不滥用信息等义务。③

委托人和受托人之间的关系本质，决定信义义务的具体内涵；算法活动映射哪种传统委托代理关系，算法运营商就应当承担哪种相对应的信义义务

---

① 马长山：《智能互联网时代的法律变革》，《法学研究》2018 年第 4 期。
② 参见李晟《略论人工智能语境下的法律转型》，《法学评论》2018 年第 1 期。
③ 参见唐林垚《论美国敌意收购中商业判断规则适用之实践》，《社会科学》2019 年第 8 期。

和合规义务。以利用算法为客户提供"个性化"投资建议的智能机器人投资顾问为例，美国证券交易委员会（SEC）和金融行业监管局（FINRA）的指导意见表明，机器人顾问能够满足受托人的标准，[①] 因此将使用智能机器人的咨询公司也纳入在册投资顾问的登记范围内，并受《投资顾问法案》的监管。[②] 注册登记意味着提供智能机器人投资顾问服务的咨询公司也要受到"传统投资咨询关系的信义义务"约束。[③] 联邦法定信义标准源自古老的信托法律，要求投资顾问无论是自然人还是机器人，都必须履行"最大诚信、全面和公平披露所有重大事实"的积极义务，承担"谨慎小心避免误导客户"的积极责任。[④] 类似地，替代自然人医生为病人进行诊疗的智能医疗机器人，也被认为必须符合自然人医生应当满足的所有伦理标准。[⑤]

　　由于利益冲突，在对非结构性信息"破坏性"地收集和利用的过程中，别有用心的算法设计可能对其直接服务的商业客户和终端消费者造成损害，例如，运营商为抽取更多佣金，编码其人工智能投资顾问向客户推销评级更低的债券；出行软件以特定区域拥堵为由，规划另一条行车路径，目的是刻意让用户经过支付推广费用的新商场；搜索引擎将关键词拍卖给付费最高的第三方，刊登虚假误导信息，导致用户的权益甚至健康遭受巨大损害。在现实生活中，这种算法导致的直接侵权行为可谓层出不穷，好在传统的侵权责任创设、信义义务约定乃至刑事责任规定足以应对大多数这类直接妨害的情形，[⑥] 基本能在合同相对方的框架内解决问题：在人工智能应用尚不能被视为可以独立承担法律责任的主体之前，依照"长臂规则"对算法运营商进行直接问责，是此类合同向度内一般侵权责任案件或刑事案件审判的核心要义。[⑦]

---

① 参见 John Lightbourne, Algorithms & Fiduciaries: Existing and Proposed Regulatory Approaches to Artificially Intelligent Financial Planners, 67 *Duke Law Journal*, 2017, p.664。

② Investment Advisers Act of 1940, 15 U.S.C. § 80b-1-80b-21 (2012).

③ SEC v. Capital Gains Research Bureau, Inc., 375 U.S. (1963).

④ Cole v. National Cash Credit Association, 156 A. (Del. Ch. 1931).

⑤ 参见 Brandon Ingram et al., A Code of Ethics for Robotics Engineers, in Proceedings of the 5th ACM/IEEE International Conference on Human-Robot Interaction, IEEE Press, 2010, pp.103-104。

⑥ 参见冀洋《人工智能时代的刑事责任体系不必重构》,《比较法研究》2019 年第 4 期。

⑦ 长臂规则，是将算法程序视为运营商"对外延伸获取信息的长臂"，当前学界主要主张以算法背后的自然人或机构为义务主体，对算法妨害承担赔偿责任。参见高丝敏《智能投资顾问模式中的主体识别和义务设定》,《法学研究》2018 年第 5 期。

在具体责任落实方面，当前学界主要主张以算法背后的自然人或机构为义务主体。[①] 实证研究将智能机器人投资顾问定性为美国《统一计算机信息交易法案》（The Uniform Computer Information Transactions Act，以下简称《统一法案》）中的"电子代理人"，作为"运营商对外延伸获取信息的长臂"，[②] 且替代运营商分析判断，进而将电子代理人行为归责于使用者（运营商）的行为而不是被代理人的行为。[③]《统一法案》第一部分"一般规定"中，将"电子代理人"定义为"代表该某人对电子讯息或对方的行为采取行动或做出反应的人"，并且"电子代理人在做出此种行动或反应之时无须该人对该电子讯息或对方的行为进行审查或做出反应"。电子代理人根据使用者的意图实施法律行为、与第三方设立法律关系时，"不得仅仅以某项记录或签章以电子形式存在为理由否定其法律效力或可执行性"。[④] 某一电子代理人在审查某一记录或条款后，签章确认或者做出予以接受的操作，即表示同意该记录或条款。[⑤] 有学者认为，这就是"一个人使用电子代理人做出真实意思表示且产生法律效果"的行为。[⑥] 这表明，在依靠智能机器人取代自然人提供算法服务的委托代理关系中，获得专业服务的客户是委托他人代理的"被代理人"，算法运营商作为专业服务提供方，是接受客户委托的代理人，运营商接受委托后，是使用智能机器人替代自然人提供专业服务的"使用人"，智能机器人则是替代接受委托的运营商提供专业服务的"电子代理人"。《统一法案》区别对待"被代理人"和"使用人"的长臂理论合理化责任传导机制，将"电子代理人"的责任一揽子归于使用人的"运营商问责制"应运而生：电子代理人在代理范围内以被代理人（客户）名义施行民事法律行为，

---

① 参见郭雳《智能投顾开展的制度去障与法律助推》，《政法论坛》2019 年第 3 期。

② Samir Chopra & Laurence F. White, *A Legal Theory for Autonomous Artificial Agents*, Ann Arbor University of Michigan Press, 2011, p.6.

③ 高丝敏：《智能投资顾问模式中的主体识别和义务设定》，《法学研究》2018 年第 5 期。

④ 以上法条分别参见《统一法案》第 102 条定义之（27）；有学者将此内容翻译为"用于实现特定法律目的的自动化设备（包括计算机程序）……电子代理人的行为可以缔约合同"，《统一法案》第 107 条（a）；有学者认为该条规定是要保障电子代理人行为法律效果的推定，将此内容译为"不因其授权和记录是电子的就不予认可"，笔者非常赞同这一观点，参见高丝敏《智能投资顾问模式中的主体识别和义务设定》，《法学研究》2018 年第 5 期。

⑤ 参见《统一法案》第 112 条（b）。

⑥ 高丝敏：《智能投资顾问模式中的主体识别和义务设定》，《法学研究》2018 年第 5 期。

法律后果由被代理人承受；当电子代理人违反信义义务给被代理人造成损失时，法律责任不由电子代理人承担，而由电子代理人的使用人（运营商）全部承担。

这个看似逻辑缜密的"运营商问责制"，其实是对电子智能服务中法律关系不必要、不得已的责任主体简化的法律安排，其中也包含着对《统一法案》的少许误读。公平合理归责体制的探寻，恰恰需要反其道而行之——毋宁构建相对复杂的责任划分系统，明确运营商、技术开发方、智能机器人内部的责任分层。国务院《新一代人工智能发展规划》鼓励构建"多层次判断结构及人机协作的伦理框架"。

《统一法案》中对于"代理人"和"使用人"的划分，是为了避免电子代理人"双方代理"的悖论——电子代理人依照客户的要求提供专业服务，究竟应该被视为运营商的代理人，还是接受服务的客户们的代理人？换言之，在电子智能服务法律关系中的被代理人，究竟是利用电子代理人替代自己提供服务的算法运营商，还是依赖电子代理人提供专业和信息优势实现自己特定目的的客户？显而易见的事实是，电子代理人不能在为客户提供专业服务的同时，又利用自身专业特长为使用方（运营商）牟利，否则，居于中间的电子代理人因利益冲突，无法双向满足忠实义务，且电子代理人的行为难以获得双方当事人同意或事后追认而产生法律效力；客户和智能机器人之间代理关系的成立，是以智能机器人与运营商之间存在一定的法律关系为前提的。

由此观之，智能机器人与算法运营商之间是什么关系呢？是典型的委托代理关系吗？即电子代理人在代理权限内，以被代理人（使用人、运营商）的名义实施民事行为，后果由被代理人（使用人、运营商）承担？显然，这种文义复杂本身是低效而不必要的。回归到智能服务的委托代理关系本质，智能机器人和算法运营商应当被视为客户的"共同代理人"，共同行使代理权、共同对被代理人负责。在当智能机器人法律人格尚不明晰、算法运营商和智能机器人长期存在因高度"人格混同"和"财产混同"造成"责任混同"时，作为提供专业服务的智能机器人，与算法运营商代理人一样，也是信义义务的责任主体，尽管二者共同对被代理人（客户）负责，但在承担责任的表现形式上，却是算法运营商全权为智能机器人给客户造成的损害赔偿买单。

二、有待厘清的算法设计者与应用开发者责任

智能机器人作为投资顾问违反信义义务导致客户蒙受损失，相关责任由谁承担？美国的通行做法是由使用智能机器人投资顾问的咨询公司承担。[①] 这种责任分配方式具有"运营商问责制"的外观——作为"电子代理人"的机器人投资顾问不承担责任，而是由作为"电子代理人的使用人"的运营商承担责任。各州登记在册的是投资咨询公司本身，尚不是一个个独立的智能机器人，而对信义义务的追溯以登记为准。不过，美国证监会已经考虑要求将对足够智能的机器人进行单独注册，智能机器人投资顾问在人格和财产上同投资咨询公司分离已经指日可待。[②]

面对天马行空的代码程序，利用算法提供服务的运营商和接受算法服务的消费者同为信息弱势方。负责算法维护和更新的技术开发方本身才是算法运营商的直接受托人，理应以运营商利益最大化谨慎行使职权——尽量减少算法失灵的潜在风险。如果算法运营商不是技术开发方，二者是分离的不同人格主体，因"责任混同"，算法运营商承担了智能机器人作为事实受托主体理应承担的赔偿责任后，享有向技术开发方追偿的权利。

随着计算能力和信息收集能力的指数级增长，深度神经网络和深度学习在最近成为可能，全自动化智能机器人将是压垮过度简化责任归属的"运营商问责制"的最后一根稻草——距离智能机器人成为独立承担责任的民事主体只有一步之遥。第一，机器学习算法已经趋近具有自主思考和意识能力的阶段。与程序员为每种可能的场景提供精确指令的经典代码不同，机器学习围绕着对算法的"规训"——通过增加算法在未来分类时所参考的信息节点目录，来实现算法的自我迭代，而不需要程序员来回重写算法。如今，有可能每个人都不经意地参与了对算法的"培训"。例如，特斯拉利用车载硬件强行收集用户驾驶信息，以改良自动驾驶技术;[③] 谷歌的响应验证码测试，要求互联网用户通过选择某一特定类别的

---

① FINRA, *Report on Digital Investment Advice*, FINRA Publications, 2016, p. 6.

② SEC Division of Investment Management, *Guidance Update*: *Robo-Advisers*, SEC Press, 2017, p. 2.

③ 即使汽车没有激活自动驾驶功能，特斯拉依然可以收集驾驶数据并回馈给机器学习系统。参见 Ryan Bradley, Tesla Autopilot, the Electric-Vehicle Maker Sent its Cars a Software Update that Suddenly Made Autonomous Driving a Reality, 63 *MIT Technology Review*, 2016, p. 169。

所有图片来验证自己不是机器人，从而增强机器识别能力。[①] 第二，智能机器人同运营商之间的"主体混同"和"财产混同"可以被人为破除。在智能机器人已经复杂和先进到人类监管者难以对潜在算法伤害进行预设规避时，运营商迫切希望主张对智能机器人的"所有权"和"使用权"进行分离，以获得有限责任的实体保护。建立智能机器人补偿基金或引入强制保险制度，以确保算法服务对象得到合理受偿的法治趋势已经成为各界共识，建立统一的人工智能登记平台以构建明晰的责任追溯体系势在必行。

技术和制度的稳步推进将最终赋予智能机器人独立人格，让其拥有独立财产，并独立地成为客户的代理人。[②] 欧盟法律事务委员会于 2016 年 5 月提交动议，要求欧盟委员会将最先进的自动化机器人视为具有特定权利和义务的"电子人"，并为其设立登记账户；2017 年 10 月，沙特阿拉伯率先赋予机器人"索菲亚"公民身份。[③] 国内学者提出，应尽快赋予联结主义设计理念下的人工智能原则上自身承担法律后果的法律主体地位。[④]

机器人责任同运营商责任的分离，并不意味着完全免除运营商的责任。智能机器人完全独立，应视实际情况区分为相对完全独立和绝对完全独立。

1. 机器人人格相对完全独立情况下的责任分配

在智能机器人相对完全独立的智能服务中，算法运营商一般负责大数据的采集和勘校，然后交付智能机器人利用算法程序生成可供决策的评价和预测报告；此时，运营商和机器人应当被视作客户的共同代理人。不过，此时的共同代理关系不同于智能机器人同算法运营商人格混同时的"共同代理关系"。基于二者间泾渭分明的分工协作，该种关系是被代理人就委托事务的各个部分分别向各代理人授权，各代理人在独立代理权限内单独行使职权，且在独立代理权限内承担相应责任的共同代理关系。虽然当算法服务致使客户权益受到损害时，很难直接将算法伤害归因于单独

---

① Akriti Mehta & Deepak Sharma, Towards Solving the Google CAPTCHA, 89 *International Journal of Computer Applications*, 2014, p.35.

② 参见许中缘《论智能机器人的工具性人格》，《法学评论》2018 年第 5 期。

③ 潘玥斐：《机器人被赋予公民身份引发舆论关注》，《中国社会科学报》2017 年 11 月 10 日，第 2 版。

④ 赵磊、赵宇：《论人工智能的法律主体地位》，载岳彩申、侯东德主编《人工智能法学研究》（总第 1 期），社会科学文献出版社，2018。

的信息偏见或程序失灵，往往是"二者兼有"使然，但是以可读报告形式摆在消费者面前的算法决策，才是造成损失的直接近因。考虑到智能机器人的算法和程序在数次自我迭代中，可能已经完全偏离原编程者的意志，相较于永远受到传统隐私保护法、数据安全法规制的信息收集环节，智能机器人在算法决策环节的行为相对更不可控，理应承担更大的责任。总之，在智能机器人相对完全独立时，算法运营商就信息收集和隐私保护环节负责，智能机器人则应独自承担算法决策和内容生产环节的潜在责任。当智能机器人以自己的补偿基金无法弥补因算法决策失误造成的巨大损失时，无法承担相应的责任部分，由技术开发方承担补充赔偿责任。

2. 机器人人格绝对完全独立情况下的责任分配

在智能机器人绝对完全独立的服务关系中，算法运营商通常只负责以自己的名义招揽客户，智能机器人则在云端完成自主信息挖掘，并利用不断完善的算法模型即时输出具有明确指向性的结果并为客户提供服务。此时，运营商和机器人之间的关系类似于"商号出借"的法律关系。多数国家法律承认商号出借的合法性，商号出借现象在现实生活中也屡见不鲜（诸如挂靠、连锁经营、特许经营等）。我国法律尚未对商号出借及其法律效力和法律责任作出明确的规定，但依照发达国家的相关规定，一般由出借方与借出方承担连带责任。《民法典》侵权责任编第1191条第1款规定了"用人者责任"："用人单位的工作人员因执行工作任务造成他人损害的，由用人单位承担侵权责任。用人单位承担侵权责任后，可以向有故意或者重大过失的工作人员追偿。"亦即，因工作人员执行工作任务造成他人损害的，用人单位承担侵权责任。我国《消费者权益保护法》第42条规定："使用他人营业执照的违法经营者提供商品或者服务，损害消费者合法权益的，消费者可以向其要求赔偿，也可以向营业执照的持有人要求赔偿。"比照商号出借、用人单位责任、营业执照借用等法理，当智能机器人绝对独立、算法决策致使客户蒙受损失时，算法运营商、技术开发方和智能机器人对外应当承担连带责任；连带责任的内部份额则根据各自责任大小确定。相较于智能机器人相对完全独立的情形，要求算法运营商对智能机器人绝对独立时的"失灵"承担可能更多的潜在责任，是对算法运营商因利用完全独立智能机器人减少自身工作量而获得更高利润的替代性追偿。运营商使用人无过错而承担连带责任，会使任何人或组织在释放完全独立的人工智能猛兽时三思而后行。

三、围绕信息信义义务的新型监管责任

以算法服务前置为特征的电子智能服务是对传统委托代理关系的映射与创新。服务内容的数码化与受托主体的智能化，决定了在电子智能服务所映射的传统委托代理关系之外，还存在一层与之并行的"信息委托代理关系"，借此催生了围绕信息信义义务的新型监管责任。

算法运营商收集、校勘、分析并使用用户信息，这些信息本身可能对用户造成损害。由于诸多数字化业务同生活、工作结合紧密且逐渐变得不可替代，用户不得不提供自身信息，甚至将弱点暴露给平台，以换取相应服务来维持其在人工智能时代的"正常人"身份。[1] 在这些活动中，用户同智能服务提供商之间的信息和知识极不对称；对信息和算法的内部处理方式受专利和所有权保护，以"防止竞争者商业盗窃"；而用户除了接受使用协议并选择相信互联网平台"尊重用户隐私"的空头承诺外别无他法。很显然，作为信息受托方的运营商或智能机器人，在传统信义义务之外，还应承担同其信息优势地位相称的"信息信义义务"，以保证其经营和决策行为不会对居于弱势的客户造成损害。

数字化信息受托人本身是一种兼具"特别目的"和"特殊形态"的信息受托人，需要承担的信义义务不能一概而论，必须考察其服务的本质。但是，有一个基本原则是作为信息优势方的受托人不可突破的底线：不能利用委托人信息对其利益造成损害。易言之，"信息信义义务"的主要内涵不在于保护用户隐私，而在于不利用用户隐私损害用户利益。算法运营商和智能机器人不得宣称保护用户隐私，却同时利用用户信息胁迫、操纵、歧视其接受服务的用户。

信息信义义务与传统信义义务有诸多不同，这决定了监管者在履行监管责任的时候应当保持审慎。第一，在传统的委托代理关系中，委托人对受托人抱有较高期待：除了不伤害自己，还应该为自身福利的提升谨慎行事；互联网用户往往无法对智能服务提供商、搜索引擎和社交网站抱有这般综合期待。因此，信息信义义务具有较低的注意义务内涵。第二，通过各种途径变现用户信息，是很多网络服务提供商的核心收入来源，因为只

---

[1]　参见韩水法《人工智能时代的人文主义》，《中国社会科学》2019 年第 6 期。

有这样，他们才能继续"免费"为客户提供具有竞争力的服务。因此，利用用户信息获得补偿或适当牟利，并不构成对信息信义义务的违反。即便如此，网络服务提供商不得在任何情况下将用户信息打包出售或分配给其他公司和平台。第三，媒体网站依赖其用户生产更多内容以带来源源不断的流量，搜索引擎期待更多信息和页面以实现更精准索引和分析，它们都具有诱导客户在网络公共空间暴露更多内容并从中获利的现实激励。这种诱导不同于操纵，并不构成对信息信义义务的违反。

总之，算法运营商和智能机器人对与其形成直接合同关系的客户负有因传统委托代理关系而引发的普通信义义务，还对普通用户负有因服务数字化而引发的信息信义义务；二者共同构成算法运营商和智能机器人内部责任的基础。

第三节　外部责任的规则构造

有效监管是技术普惠的前提。然而，在内部信义义务所赋予的用户保护外衣无法掩盖算法活动外部性扩散的公共领域，却长期面临"基本法适用缺位"的问题。人们的生活细节和私密信息可能在算法程序面前一丝不挂，自愿或不自愿地臣服于算法决策。当人工智能通过算法决策获得了本该由政府或公共机构掌握的权力时，对这种权力的约束就显得尤为重要。毕竟，以技术赋能而取得的具有公共属性的权力，并不具备"自由人们的自由同意"的正当性。正是在这个意义上，算法权力滥用的防范与治理需要实现私法责任和公法责任的无缝衔接，揭开技术面纱，构建以人为本、公平至上的道德法律框架。

一、以公共妨害定性的算法外部责任

2019 年 4 月 5 日，美国密歇根州逾 4 万名居民对州政府提起了集团诉讼。事件的起因是密歇根州政府利用了一款集成反欺诈算法的综合信息化系统"米达思（MIDAS）"对该州失业补贴申请进行审核，作出申请者是否欺诈的决定，并对其施以惩罚。"米达思"系统的出错率高达 93%，致使超过 4 万名申请人被标签化为"欺诈者"。如果州政府在这场预期旷日长久的诉讼中败诉,密歇根州将立刻"破产"。在美国人工智能的应用史上,不合理的算法设计给公众带来了后果极其严重的损害已经不是第一次发生。2018 年,美国纽约州被迫终止了旨在防止家庭暴力的儿童保护预测算法的使用,该算法曾一度导致上万个家庭中父母同其子女的被迫分离,仅仅因为算法程序在信息分析后认为这些家长可能具有"严重的家暴倾向"。以上两个案例,充分展示了算法应用可能给普罗大众造成的"群体性危害"。对于此类"技术公害",学界和实务界一直没有给予足够重视,相关的责任体系也暂付阙如。①

不恰当的算法使用极有可能给无辜大众带来意想不到的公共妨害(Public Nuisance)。所谓"公共妨害",最典型的如广场舞扰民、擅自游行阻塞交通,泛指影响公共财产或公共权益的侵权行为。算法应用极有可能对普罗大众的财产或权益造成不同程度的侵害,其后果可以用"穷凶极恶"来形容。

"公共妨害"的概念发源于英国法,从最早"在实质上影响女王臣民生活舒适和便利的不法行为"逐渐扩张至"一切影响公共财产或公共权益的侵权行为"。② 例如,驳船的临时系泊阻塞公共运河航道、剧院门口排队购票妨碍周围店家开展生意、接触性传染病患者不做防护措施在人群密集处行走、露天流行音乐会噪声扰民、游行示威干扰民众正常上下班,甚至高尔夫球屡被击至高速公路造成交通隐患也构成公共妨害。③ 在漫长的审判实践中,英国高等法院确立了公共妨害不同于普通妨害即一般侵权责任的判定标准:第一,公共妨害的受害人较一般侵权责任而言,范围更广且数量更多;第二,公共妨害乃无差别妨害,不分情形和环境对个体造成区别妨害;第三,单个受害人难以独自消除公共妨害而必须依靠群体的力量才能改善现状。美国联邦最高法院沿袭了英国法院对群体

---

① 参见唐林垚《算法应用的公共妨害及其治理路径》,《北方法学》2020 年第 3 期。

② *Attorney General v. PYA Quarries*,2 QB 167,169(1957).

③ 本自然段列举的上述公共妨害行为,对应的判例为:1. *Rose v. Miles*,288 N. E. 2d 760,779(1815);2. *Lyons Son and Co v. Gulliver CA*,83 L. J. 250,281(1914);3. *R v. Vantadillo*,23 F. E. 1,31(1919);4. *Attorney-General for Ontario v. Orange Productions Ltd. et al.*,11 C. L. 550,578(1971);5. *Thomas v. National Union of Mineworkers*,1 W. L. 15,20(1986);6. *Castle v. St Augustine's Links*,38 T. L. 600,615(1992).

标准的划分，规定在公共妨害中受到侵害的对象必须至少是一"类（Class）"人。①

目前，我国《刑法》及《刑法修正案（三）》规定了危害公共安全罪，对以危险方法危害公共安全、破坏特定设施设备、实施暴力恐怖活动、以枪支弹药等危险物质为对象的犯罪和过失造成重大责任事故的犯罪等五类情形以危害公共安全罪论处。然而，上述五类情形的成立，均以当事人具有主观故意或过失为前提，显然忽略了仅在民事层面危害公共利益的轻微情形，实难将算法妨害纳入其适用范围。英美法中公共妨害的概念创设，因其内涵的包容性，能更精确地反映算法应用在合同相对性之外可能对大众群体造成的隐性伤害。

以"公共妨害"锚定算法外部责任的合理性体现在以下三个方面。

1. 算法妨害的公共特性

算法妨害具有明显的公共特性，并且会随着公共和私营部门的决策积累对公众产生交叉伤害。被算法瞄准的直接受众，只是算法妨害的小部分对象，更大的受害人是与算法应用不产生直接关联但无法脱离算法场域的无辜大众。算法运营商捕风捉影公众数字化的身份、轨迹和信息，利用算法程序进行分析、归类，并得出能够影响公众机会（贷款、求职）或对个体进行区别对待（操纵、排除）的重要决策。信息处理和算法决策又将产生新的关于人们数字身份、轨迹、交集的评价和信息，这些输出结果可能被别的数据库、程序和平台采纳，反复构建个人数字表征并塑造人们的弱点。毕竟，决策者在进行重要评估时，往往不仅仅借助自己机构的算法评价，同时也参考其他机构对被评估者的属性、可信度和声誉作出的算法评价。信息采集可以来源于多个渠道，新旧信息可能在算法决策中被反复叠加、随意整合、来回传播，基于特定理由收集的信息也可能被别有用心地用于其他目的。② 随着个人数字身份在算法社会的传播中每况愈下并且积重难返，算法决策逐渐污染整个公共数据库。鉴于此，算法妨害是对公众诸多实体权利的"累积侵蚀"，也是对规范约束范围内群体的无差别妨害，理性而无变通余地，完全符合公共妨害的特性。

---

① *Attorney General v. Hastings Corporation*, 94 S. J. 201, 225（1950）.

② 参见程啸《论大数据时代的个人数据权利》，《中国社会科学》2018 年第 3 期。

2. 个人民事诉讼的回天乏术

除了具备公共特性，算法妨害难以因个人提起诉讼而得到完全解决。算法妨害是为达成一系列管理目标，在对计算机能力社会化开发的运算过程中，事先难以预料的外部性在市民生活领域的扩散。对于单独的个体，算法妨害并不是非黑即白的二分法——要么妨害，要么没有妨害——就能够轻易概括的。受害人面临难以立即确定自身利益受损和确定利益受损但难以举证的前后双重困境。实际上，算法运营商在利用算法程序解决特定问题时，就将不可避免地在多个维度面临权衡取舍。要在立法层面，为算法设计划定妨害底线，或将算法应用的负面效应隔离于单一因缘，根本不具备可操作性。问题的实质在于，是否因为算法外部性扩散对无辜大众群体造成了不合理的社会成本。个人民事诉讼无法对抗也无法消除算法公共妨害的群体外部性，必须依赖集体诉讼甚至公权力的介入才能解决；当事人难以自证看似中立的算法应用和自身权益受损之间有直接的联系，致使投资者保护的问题更加突出。算法公共妨害的最终解决，或依赖于一场接一场的独立诉讼，或依赖于多数受害人共同发起的集体诉讼，很明显，依赖后者成功率更高，且当事人所需要均摊的成本更低。算法妨害既然对群体大众的利益造成侵害，最好视后果的严重程度或由代表全体民众的公诉人提起民事公益诉讼乃至刑事诉讼，或由代表特定利益群体的律师提起民事诉讼。

3. 归责路径的相似性

普通公共妨害所对应的无过错责任的归责路径，可以适用于算法妨害。从英美的实践来看，公共妨害的定性和量刑，完全取决于妨害后果的严重程度，对加害人的主观意愿则在所不问。算法公共妨害的特殊之处在于，难以认定算法运营商、技术开发方或操作员具有主观恶意或重大过失。算法运营商创造出了简化因果关系和弱化责任归属的技术黑箱，将错综复杂的价值体系和法律关系藏于其后。任何人都可以观察到信息的简单输入和输出，但是，普通公众和监管者均难以完全理解算法背后近乎匪夷所思的原理和互动机制。商业巨头和技术官僚披上"科学"的外衣，掩盖了颇具争议的价值判断。通过风险评估和标签化，算法决策输出的可解读结果，可以悄无声息地限制个人贷款、就业机会，控制受众接收新闻、广告的内容，操纵用户对周围事物和人的评价。以当事人主观意愿为构成要件的归责体系，难以为普罗大众提供周全保护。毕竟，算法本身不具有意图、欲望和恶意，算法程序也不是其创造者、使用者内心偏见和歧视的直接映射。① 实际上，算法妨害来源于应用程序对无数个体数字身份勘校、分析和拟合的累积效应——算法应用中常见的"信息驱动中介"建立在"信息和行为"而不是"意图和活动"的基础之上。职是之故，算法妨害的责任同公共妨害的责任一样，应该是一种无过错侵权责任，不以加害人主观故意为构成要件，因为其意图和目的无从考证。算法妨害同公共妨害的归责路径也大抵一致：立法者应该聚焦于算法应用的外部性效应，并从社会整体的角度来审视这些外部性效应的合理与正当性。

二、算法妨害的责任承担

有效监管是技术普惠的前提。基于合同相对性的消费者保护无法延伸至算法应用外部性扩散的公共领域。面对必然将超过社会最佳活动水平（Socially Optimal Activity Levels）的算法应用，② 受害人缺乏现行实体法权作为对标，司法审判长期滞后于技术发展，法律适应性和稳定性矛盾凸显。每个人的网络身份和数字名誉都可能在整个算法社会中流传甚广，不自觉地对算法决策进行反复赋权。当人工智能应用利用算法决策在多个领域充当事实上的"监管者"时，对"监管者"的监管就显得尤其重要。以公共妨害对算法应用的外部性予以定性，既为潜在受害人私力和公力救济另辟蹊径，也为技术公害之防范提供了全新的治理思路。

美国侵权责任法规定，公职人员必须对公共妨害提起诉讼。③ 从 21世纪初至今，美国各州的公诉人在多个领域提起公共妨害诉讼，为大规模侵权行为、公共卫生问题和环境污染寻求经济赔偿。例如，康涅狄格州的地区检察官认为，电力公司排放过多的二氧化碳构成公共妨害，故对其提起诉讼。④ 公共妨害诉讼中的原告，必须证明其承受了超越了一般生活不

---

① 参见刘宪权《涉人工智能犯罪中研发者主观罪过的认定》，《比较法研究》2019 年第 4 期。
② 任何类型的经济活动，都大致对应着一个"社会最佳活动水平"。当经济活动在最佳活动水平之下时，经济活动的效益不能得以充分发挥；当经济活动超过社会最佳活动水平时，其收益会随着外部性成本的飙升而递减。参见 Keith N. Hylton, Optimal Law Enforcement and Victim Precaution, 34 *The Rand Journal of Economics*, 1996, p.198。
③ 《美国侵权责任法（第 2 次重述）》[*Restatement（2nd）of Torts*]，第 821 条（c1）款。
④ *Connecticut v. Am. Elec. Power Co.*, 582 F.3d 309, 314-315（2009）.

便的"特别伤害"。例如，油轮泄漏导致海岸线污染严重，构成对周围居民的公共妨害，但法院仅允许该区域的渔民提起民事诉讼，驳回了沿岸餐馆和酒店的诉讼请求，因为只有前者的生活完全寄希望于海上捕捞，符合受到"特别伤害"的起诉标准。[①]

随着人工智能应用对各个行业的渗透，算法妨害逐渐具有全面而分散的特点：少数受害者能被轻易识辨出来，多数则不能。集体诉讼是解决此类群体性争议、节约司法资源、保护公共利益的市场化解决方案。根据我国《民事诉讼法》第 57 条的规定，只要原告团体满足了众多性、共同性和典型性的特征且具有充分代理关系，就可以提起集体诉讼；但受制于律师行业的整体发展状况和长期司法实践的制度惯性，集体诉讼在我国并不常见。面对人工智能的异军突起，未来立法者需要及时转变对集体诉讼的态度并辅之以必要的法律基础设施。在集体诉讼之外，对于个人因受到算法无差别公共妨害而提起的民事诉讼，法院也应当鼓励。美国联邦法院就曾裁定，即便与加害方无任何合同关系，只要在公共妨害中受到损失，就可以对其提起诉讼。[②] 因此，受害人即便不是算法运营商的客户或终端用户，只要因算法公共妨害蒙受损失，都应当被允许单独提起诉讼或加入集体诉讼。

但是，无论是公职人员、受害团体还是个人，针对算法妨害提起诉讼将面临截然不同于一般公共妨害诉讼的诸多问题。解决这些问题的关键在于引入算法相关合规义务。学理上，算法相关合规义务主要分为三类：一是建立内部风险管控机制的义务；二是配合个人信息权益及算法相关权利行使的义务；三是配合监管义务。[③] 在应对算法妨害的现实情况下，这三类算法相关合规义务主要体现为：一是强化的信息披露义务（即配合监管义务）；二是确保责任主体链条的追踪识别义务（即建立内部风险管控机制的义务）；三是保障个体受众享有主动退出机制的义务（即配合个人信息权益及算法相关权利行使的义务）。

1. 强化的信息披露义务

在算法妨害之诉中，原告首先将面临举证困难的问题。由于技术壁

---

① *Burgess* v. *M/V Tamano*，370 F. Supp. 220，247（1973）.

② *Tate and Lyle* v. *GLC*，1 W. L. 149，150–151（1982）.

③ 苏宇：《算法规制的谱系》，《中国法学》2020 年第 3 期。

垒，原告方难以自证看似中立的算法应用直接导致自身权益受损。面对公众对复杂术语和长篇文本的质询，算法运营商往往回报以更高深莫测的行话和晦涩累赘的解释。不少人工智能应用的用户协议动辄成百上千页，其目的就在于刻意为用户阅读增加障碍。况且，消费者即便仔细阅读用户协议，也未必能完全理解各条款背后的法律风险。鉴于此，利用算法的信息优势方有必要就技术黑箱的运作方式和裁判机制作出详细且外行人也能理解的、篇幅合宜的信息披露。信息披露的核心在于算法决策的运算、逻辑和分析过程而不在于源代码本身。对自然人语音、语调、语气和情绪进行分析的语义解析算法（Voice-Parsing Algorithm）已经能够预测法官、陪审团就庭审记录进行思忖和斟酌得出的判决结果，并且其预测高度准确。[①]然而，很难相信有任何国家的法律制度会使用语义解析算法来替代法官的审判实践，因为算法的理性正确常常忽略普遍价值和伦理道德。推理、演绎和论证本是法官裁判的核心，不因自动化预测足够先进就可以被抛弃；而算法利用之正当性也需要人工智能应用运算和分析过程"可解释性"的显化来得以维持。算法运营商必须主动解释清楚人工智能应用的硬件、软件和外部环境之间的相互作用如何导致其当下的行为模式，并清晰、直观地就以下事项（包括但不限于）作出完整信息披露：一是信息挖掘的来源、典型特征和分类方式；二是算法程序的运作原理、代码逻辑和预期效果；三是可能存在的系统偏差、运行故障和矫正机制；四是算法应用的即期效果和远期影响。对于算法程序的重大修改，算法运营商有必要及时作出补充信息披露。

2. 确保责任主体链条的追踪识别

对算法妨害提起诉讼将面临的另一个难题，是确定被告主体困难——算法妨害的背后，有着盘根错节的法律关系以及由此产生的多个潜在责任方。目前，随着机器学习的不断进步以及智能平台的相互开源，很多算法程序已经自我改良到可能完全偏离其造物者预设但尚未获得独立法律地位的地步，这种复杂性进一步加大了损害赔偿诉讼确定责任主体的难度。总体而言，当人工智能尚不能被视为独立的责任主体时，技术开发方对算法妨害负有主要责任，该责任仅当其证明公共妨害是由于算法运营商的不当

---

① Frank Pasquale, Toward a Fourth Law of Robotics: Preserving Attribution, Responsibility, and Explainability in an Algorithmic Society, 78 *Ohio St. L. J.*, 2017, p. 1255.

使用或拙劣修改而造成时才得以免除。因代码自我迭代而"脱缰"的算法应用造成公共妨害，可比照"产品缺陷"导致的无过错侵权责任进行追责：受害人既可以向生产者（技术开发方）请求赔偿，也可以向销售者（算法运营商）请求赔偿。"脱缰"主要由哪一方造成，另一方有权向其追偿。

在人工智能主体尚未获得明确法律地位之前，确保其算法程序能够被追踪至可识别的造物者是当前责任体系构建的根基。美国从2016年开始进行无人机牌照的注册试点，联邦法律要求对模型机外的所有小型无人机进行登记，以确保无人机主对鲁莽的飞行行为负责。美国证监会和美国商品期货交易委员会已经决定在智能金融领域建立人工智能应用的"法律识别标识符（Legal Entity Identifiers）"，以强化算法运用的事后监管和效果追踪，并倒逼算法运营商事先排除某些"邪恶"功能的置入。对于集成不同来源、多个算法程序的人工智能应用，美国《医疗电子交换法案》（Health Insurance Portability and Accountability）中监管信息传输的业务关联协议提供了可供借鉴的解决方案，[①] 即在封闭应用和开放应用中都置入硬核编码的审计日志（Hard-Coded Audit Logs）以为将来可能的责任划分留下记录。[②] 美国《算法问责法案》第3部分、法国《信息和自由法》第82条、印度《个人信息保护法案》第34条、新加坡《防止网络虚假信息和网络操纵法案》第32条等均规定了信息控制者的"记录义务"，以确保对算法决策中责任主体链条的追踪识别。总之，绝不可对算法应用的"脱缰"听之任之，技术开发方有义务在代码堆栈中建立缺省约束，以便时时记录算法应用的效果变化。一旦不法第三方（例如黑客）通过攻击的方式突破了代码约束，则由第三方对人工智能应用的"脱缰"行为负责。对于预计会产生负面结果的开放式人工智能应用，应尽快采取牌照规制。

3. 保障个体受众的主动退出机制

在公共妨害之诉中，消除妨害是停止侵害和损害赔偿之外最常适用的救济手段。在算法公共妨害产生时，应当允许受害人通过投诉或诉讼等方式，

---

① Robleh Ali, Legal Entity Identifiers: The Beginning of a New Platform in Financial Data, 64 *Journal of Securities Operations & Custody*, 2014, p. 299.

② Deven McGraw, Building Public Trust in Uses of Health Insurance Portability and Accountability Act De-identified Data, 20 *Journal of the American Medical Informatics Association*, 2013, p. 33.

请求算法运营商或技术开发方利用技术手段消除影响、恢复名誉。此时，上一章中的各项算法权利的重要性就凸显出来，在此仅作粗略的阐述。

信息主体可以行使的权利之一是"更正权"。针对算法决策的"更正权"，始见于欧盟 GDPR 第 16 条，信息主体可以在不违反算法目的的前提下，更正、完善、调整存在偏差的个人信息。我国《网络安全法》第 43 条最先规定了在"网络运营者收集、存储的其个人信息有错误"等情形中，个人"有权要求网络运营者予以更正"；2021 年生效的《民法典》吸纳了这一规定，将其置于人格权编第 1037 条第 1 款："自然人可以依法向信息处理者查阅或者复制其个人信息；发现信息有错误的，有权提出异议并请求及时采取更正等必要措施。"《个人信息保护法》第 46 条在前述规定的基础上，进行了细化，要求信息处理者对不准确和不完整的个人信息进行及时更正和补充。

信息主体可以行使的权利之二是"获解释权"。长期以来，算法可解释性的合规要求，被视为"对抗数据个体的主体性和自治性沦陷和丧失的内在之善"，[①] 是明确算法决策主体性、因果性和相关性以确定和分配算法责任的重要前提；本应居于非普遍使用、辅助性的地位的算法透明原则，一跃成为世界各国人工智能法律法规的核心要旨。[②] 似乎，只要过程是可以被解释的，那么算法决策结果的合理与否，便一目了然。GDPR 第 13 条、第 14 条、第 15 条分别规定了直接、间接以及因各类原因进行个人信息处理活动的主体应向信息主体履行的强制性信息披露义务；《个人信息保护法》第 48 条相对简单地阐述了"个人有权要求个人信息处理者对其个人信息处理规则进行解释说明"。以上两种规定方式，均是从信息主体的"获解释权"入手，来反向规定信息处理者应当遵循的算法可解释性的合规要求。

信息主体可以行使的权利之三是"被遗忘权"。世界各国纵有截然不同的"被遗忘权"立法背景，"被遗忘权"却殊途同归地在法律文件中被转译为"擦除权"或"删除权"。以欧盟为例，在 2010 年的 *Google Spain v. Costeja Gonzalez* 案（案件号 Case C-131/12）中，原告要求在搜索引擎中擦除自己已经过时的个人信息，DPID 第 12 条"允许信息主体擦除不符

---

① 张欣：《算法解释权与算法治理路径研究》，《中外法学》2019 年第 6 期。
② 参见沈伟伟《算法透明原则的迷思——算法规制理论的批判》，《环球法律评论》2019 年第 6 期。

合相关规定的信息"的原始规定得以适用。GDPR 第 17 条吸收了此前的规定，将 DPID 第 12 条表达为："信息主体有权要求信息控制者擦除关于其个人信息的权利。"我国的相关法律实践开始于 2015 年，在任甲玉诉北京百度网讯科技有限公司人格权纠纷案中，原告除了主张姓名权和名誉权受到侵害，还主张被告侵犯了其人格权中"被遗忘"的权利。[①] 虽然原告在二审中败诉，但是"被遗忘权"的主张，引发了学界和实务界的热切关注，[②] 并体现在《民法典》人格权编的立法工作中。《民法典》第 1028 条、第 1029 条、第 1037 条和第 1195 条分别规定了自然人在四种情形中享有"删除权"：一是报刊、网络等媒体报道的内容失实；二是针对自己的信用评价不当；三是信息处理者违反法律、行政法规的规定或者双方的约定处理其个人信息；四是网络用户利用网络服务实施侵权行为。

三、算法公共妨害之诉的责任豁免与法益衡量

面对公共妨害的罪名，被告方常以"自寻妨害（Come to Nuisance）"为辩护理由，宣称原告明知潜在危害存在却仍然靠近，借此免除损害赔偿责任。例如，伐木场和水貂饲养园比邻而居，伐木场噪声导致人工饲养的水貂心情烦躁相互攻击，美国法院判决伐木场噪声构成公共妨害；但是，由于伐木场早于水貂饲养园存在，法院推定水貂饲养园在建立之初，应当知晓噪声风险，借此免除了伐木场公共妨害的赔偿责任。[③]

"自寻妨害"的法理基础，是在英美国家广泛存在的"自甘风险"规则：因原告对风险的存在早有认识，明知而决行，故而免除损害发生后被告的赔偿责任。"自甘风险"规则的渊源可以追溯至公元前 3 世纪，斯多葛学派顺承了亚里士多德的名词逻辑系统，发展了关于平等和责任的学说，古罗马法学家乌尔比安结合"不能违背自己言辞"的古训，创造出了"同意非谓为侵害（Volenti Non Fit Injuria）"的原则。2018 年 12 月 23 日，《民法典侵权责任编（草案）》提请第十三届全国人大常委会第七次会议审议，草案二审稿确立了"自甘风险"规则："自愿参加具有危

① 任甲玉与北京百度网讯科技有限公司人格权纠纷案，北京市海淀区人民法院民事判决书，（2015）海民初字第 17417 号。

② 万方：《终将被遗忘的权利——我国引入被遗忘权的思考》，《法学评论》2016 年第 6 期。

③ *Foster v. Preston Mill Co.*, 268 P. 2d 623, 645 (1954).

险性的活动受到损害的，受害人不得请求他人承担侵权责任，但是他人对损害的发生有故意或者重大过失的除外。"2020 年 5 月 28 日颁布的《民法典》第 1176 条在上述规则的基础上进行了限缩，将自甘风险规则的适用限定于"文体活动"，但未就"文体活动"的范畴予以进一步确定。

1. 限缩算法公共妨害的免责事由

"自寻妨害"和"自甘风险"抗辩，并不总是存在于合同相对方之间。在 20 世纪初期美国公共妨害诉讼中，结果主义地适用自甘风险规则，令其沦为了财大气粗的产品生产者、具有信息优势的服务提供商的保护伞。只要生产商在电视广告中将产品的潜在风险广而告之，其就可以对该产品产生的任何公众伤害免除责任；[①] 房屋和场地占有人只需通过警示、告知的方式让过路人知晓风险的存在，既不必确保过路人一定看见警示，也不必采取任何措施排除风险，就可以完全免除自身注意义务，进而对任何公共妨害合理主张自甘风险。[②] 在多起涉及公共妨害的案件中，法官在判决书里大量使用"共同过失"的字眼，但在判决结果上却完全免除加害方的赔偿责任。[③] 通过用户知情同意书、服务协议和各类免责条款，当危害产生时，算法运营商可以轻易证明受害人"自寻妨害"。即使对于与之没有直接关系的第三方，加害人也可以辩称其服务和影响力是如此广泛，已经构成潜在的"公共知识"，进而批判受害人没有尽到适当的注意义务。

可以想象，在算法社会的语境下，"自寻妨害"和"自甘风险"的抗辩，将被广泛用于算法公共妨害之诉中。实际上，即便算法运营商和技术开发方将算法应用的所有瑕疵和潜在危害毫无保留地广而告之，甚至在电视媒体、户外媒体、移动媒体上反复曝光，也不会对算法应用的销售和推广产生足以让整个社会"弃之而不用"的负面效应。这就好比香烟的包装盒上赫然印着"吸烟有害健康"，实际上并不会对消费者的购买决策产生根本性影响。究其原因，人工智能作为自然人的替代，在成本和效率方面有着突破性的优势——通过对大数据的挖掘和算法决策——散户个体足

---

① *Beznor v. Howell*, 233 N. W. 720, 758（1930）.

② *Marshall v. San Jacinto Building, Inc.*, 67 S. W. 2d 372, 378（1933）；*J. Weingarten, Inc. v. Brockman*, 135 S. W. 2d 698, 701（1940）.

③ *Smith v. City of Cuyahoga Falls*, 53 N. E. 2d 670, 675（1943）；*Mudrich v. Standard Oil Co.*, 90 N. E. 2d 859, 861（1950）.

不出户就能免费获取人工智能投资顾问的股票推荐和投资基金组合；银行不用真正派人长时间跟踪客户，就能得到客户潜在风险的提示报告；家居生产商不再需要费时费力的调查问卷和上门回访，就能获取客户生活作息、饮食习惯等信息，并自动提升智能家居产品的用户贴合度；咨询公司能够省掉现场尽职调查、人工合同审查等环节，转而通过对生产记录的挖掘、账目信息的分析、市场反馈的比对，就能提出更切合实际的生产建议。危害是远期的，而受益是即期的，只要算法的潜在瑕疵不足以抵消预期收益，人工智能应用就不会受到消费者抵制，"技术改变生活"是不可逆转的大势所趋。受益人和受害人在时间和空间上的分离，加速了这一趋势。

从受害人的角度来看，在已经深入渗透市民生活方方面面的算法面前，潜在的受害人难以脱离侵害的最终发生，因为脱离侵害就意味着完全丧失找工作、租房、医疗保险或参与任何日常生活中司空见惯的正常活动的基本权利。考虑到人工智能应用可能给个体公民带来的潜在胁迫，在算法公共妨害诉讼中，应当限制算法运营商滥用"自寻妨害"或"自甘风险"抗辩免除自身责任。[①] 在算法运营商确实已经合理履行信息披露义务的情况下，法院可以依据公平责任原则[②]、过失相抵原则[③]，适当减轻算法运营商的赔偿责任。

2. 短期效用优先立法实践的必要

免责门槛的提升，并不意味着法律应对算法运营商或技术开发方过度苛责。应当允许算法运营商或技术开发方就人工智能产品或服务的"不正确使用"主张受害人自甘风险。所谓"正确使用"，是指依照说明，将其用于本来设计的用途。例如，将消炎类抗生素药物用于止痛和退烧是对其正确使用，用之于助眠则不然。早在 1919 年，美国法院就曾经裁定，

---

① 参见唐林垚《比较视域下的〈民法典〉自甘风险规则》，《江西社会科学》2020 年第 10 期。

② 公平责任原则是责任分配的基本原则之一，其责任分配的依据既非行为，也非特定事故原因，而是基于抽象的公平价值理念。我国《民法通则》第 132 条以及《侵权责任法》第 24 条规定了公平责任原则，允许法官考虑案件中的实际情况，例如致害原因、损害程度、当事人经济情况等，在当事人之间作出责任划分。

③ 过失相抵原则，是指在加害人理应依法承担损害赔偿责任的前提下，若能证明受害人对于损害事实的发生或扩大也有过失或过错，则可以适当减轻加害人的赔偿责任。我国《侵权责任法》第 26 条规定了过失相抵原则，允许法官在加害人的过失和受害人的过失共同引发损害结果时，适当减轻加害人的赔偿责任。

没有依照产品说明而错误使用起重机造成伤害,属于自甘风险。[①]

算法应用透明度不高与算法开源共同导致人工智能产品具有多样化用途的现状,在很大程度上并非算法运营商或技术开发方的本意。例如,常见的信用评分系统,银行用其考察客户资信以确定贷款利率,公司在招聘时也用其筛选求职人员;整合进互联网生态系统的智能推送算法,既被新媒体行业用于塑造受众"信息茧房",也被各电子商务平台用于左右消费者偏好;人脸识别系统,可以用于手机解锁、上班打卡、身份验证、消费支付、公共监控等;对自然人语音、语调、语气和情绪进行分析的语义解析算法既被用于预测法院判决结果,也被用于取代传统的测谎仪。算法没有被用于其本来设计用途而给公众造成损害的,不应追究算法运营商或技术开发方的公共妨害责任,但免责的前提,是算法运营商或技术开发方在文义上对产品用途进行了准确的界定和标识,且自身不存在导致算法滥用的过失。

的确,在人工智能全球竞赛的时代背景下,过于严苛的追责体系,将给科技类企业带来过重的负担,并最终抑制科技的创新和进步。要求算法运营商或技术开发方对算法公共妨害概括承受,确实有失公平。5G 时代的到来,将一举颠覆发达国家在硬件开发方面的积累优势和技术垄断,为人口密集的发展中国家在人工智能领域实现弯道超车提供可能。在全球贸易保护主义复辟的大背景下,技术赛跑将是未来几十年的国家竞争常态。为助力中国科技类企业突破美国的封锁并最终实现弯道超车,立法者需要在一段时间内采取效用优位的发展进路,打破产品严格责任的刚性束缚,为加害方的自寻妨害和自甘风险的抗辩留有适当空间,最终为科技类企业减掉没有必要的赔偿负担:对高科技产品非正常用途的使用,或刻意利用算法应用的瑕疵和漏洞实现特定目的导致公共妨害,均属于自甘风险行为,不得因潜在风险的实现请求技术开发方承担赔偿责任。

3. 算法妨害之诉的利益衡平机制

在算法公共妨害免责事由的限缩和维持上,由于规则设计的尺度难以把握,一个抽象的法益衡平框架就显得尤为重要。

成本收益比较的法经济学分析范式,在公共妨害诉讼中常被用于妨害活动的法益计算与赔偿裁定。例如,在布玛居民诉大西洋水泥公司

---

① *Sanders v. Kalamazoo Tank & Silo Co.*, 171 N. W. 523, 535 (1919).

（*Boomer v. Atlantic Cement*）案中，美国联邦法院曾裁定，水泥厂的工业污染对工厂周边的土地所有人构成公共妨害。但是，考虑到水泥厂在当地雇用了超过 300 名工人且拥有近 4500 万美元的资产，若因公共妨害下令永久关闭水泥厂，确属矫枉过正。法院仔细地比较了水泥厂生产活动的经济效益以及给周遭居民带来的不便，通过推算，勒令水泥厂向受到公共妨害的原告每人支付 18.5 万美元的一次性永久损害赔偿金。①

在该案的基础上，联邦最高法院在另一起案件中，创造出了用于比较公共妨害双方权益诉求的多重衡平测试。被告商业公寓的中央空调系统的噪声影响了原告庭院的正常使用，原告遂向法院申请禁令。法院对证据进行审核后，反复考察：一是禁令的批准与否，对原告、被告和公寓居民的影响孰轻孰重？二是被告安装静音空调系统的开销（约为 15 万美元）同原告受到的损失谁多谁少？考虑到没有中央空调，原告的公寓无法对外租赁产生经济收益，而安装静音空调系统的开销将明显大于原告所受的可推算损失，法院因此驳回了原告申请禁令的请求，但判决被告对原告每年持续支付 1 万美元的赔偿金。②

不过，法院在公共妨害案件中的成本收益分析并不总将区域经济效益置于个人合法权益之上，例如，在普拉诉马瑞缇（*Prah v. Maretti*）案中，法院禁止被告在原告居住区域旁建造会阻挡原告屋顶阳光的高层公寓，即使被告对其所购买土地具有充分的使用权，且对该土地的合理利用蕴含巨大的潜在经济利润。法院指出，原告关于阳光需求的主张，并不建立在美观和享受的基础上，而是将阳光视为一种基本能量来源；鉴于此，被告对阳光的阻挡不仅会妨碍原告太阳能热水器的正常使用，还会对周围打算使用新能源设备的居民群体构成潜在公共妨害。③

综上所述，公共妨害案件中的利益衡平，裁判者不应总是围绕区域经济效益和个人合法权益进行成本收益比较，而应着重考察当多个潜在个人合法权益可能遭受侵害时，是否会因此造成整体社会效益的减损。当公共妨害对社会整体效益造成威胁时，即使个案中的区域经济效益远甚于个人合法权益，也应当坚决捍卫个体权益。具体到算法的公共妨害上来，当商

① *Boomer v. Atlantic Cement*，26 N. Y. 2d 219，222（1970）.

② *Estancias Dallas Corporation v. Schultz*，500 S. W. 2d 217，221（1973）.

③ *Prah v. Maretti*，321 N. W. 2d 182，185（1982）.

业主体更加依赖新技术以获得市场竞争优势时，算法利用的活跃度会进一步增加，相应的外部化社会成本也会与日俱增。在这个过程中，对技术的使用——算法程序——将使得公共部门和商业公司能够更有力且更廉价地影响更大规模的受众群体，反过来又将进一步拓展以算法为核心的人工智能应用在判断、评价和决策上的速度、深度和广度，进而造成算法外部性扩散升级。这些副作用就好比工厂活动的增加导致污染水平的提升，是商业繁荣和算法拓展互为因果造成的整体环境恶化。在算法公共妨害之诉中，法律应当在技术发展与个体保护之间谨慎衡平，避免局部经济利益的雪球效应颠覆社会整体效益——应明确内部化自身算法"污染"为所有利用算法实现特定经济目的的公司和企业的基本社会责任。

本章小结

在大数据驱动算法语境下加强责任穿透，与国务院《新一代人工智能发展规划》相一致。人工智能具有显著溢出效应，合理运用能推动经济社会各领域从数字化、网络化向智能化加速跃升并实现对社会、经济和生活的全面治理。先进的法律制度可以为确保算法活动不至于具有胁迫性而建立防火墙，本质上这是一种对"治理的治理"。

在世界范围内，至今尚不存在一套完整的规范人工智能的法律制度。鉴于此，本章从内外两个方面，就算法责任的基本框架以及法益衡量提出了通用标准。从合同相对性出发，算法责任的主体识别，宜遵循信息优势方承当更大责任的基本原则。具体而言，算法运营商和算法开发商相较于算法受众具有更大信息优势，在智能机器人不具有独立法律地位之前，由算法运营商和算法技术开发商对智能机器人提供的算法服务造成的妨害全盘承担民事责任；一旦智能机器人具有独立法律地位，则可认定智能机器人有优于运营商和技术开发方的信息地位，由智能机器人与运营商、技术开发方共同承担连带责任。人工智能时代的责任和义务框架应当是与时偕行的。从合同外部关系出发，算法活动除可能对合同直接当事人造成"故意妨害"外，也可能对合同关系之外的普罗大众造成"公共滋扰"。侵害个人权益的算法行为如果具有更高价值的法益，则应当被适当允许，以促进区域经济效益、鼓励科技进步；对个体权益的技术侵害因时间或范围的叠加可能上升为对整体社会效益的累积侵蚀，那么，即使该算法活动具有较高的区域经济价值，也必须及时制止以防范系统性风险。①

---

① 唐林垚：《人工智能时代的算法规制：责任分层与义务合规》，《现代法学》2020 年第 1 期。

第三章 个人信息保护法的 马法之议及坐标定位

　　人工智能、信息技术逐渐进入主流法学研究者的视野，加速了当代法学概念话语层面的博弈。身处其中的学者大抵都对这样一场论战记忆犹新：在1996年芝加哥大学的网络法研讨会上，法官伊斯特布鲁克（Frank Easterbrook）以"马法非法"的刻薄比喻，抨击网络法充其量只是"赛博空间中潜在纷争诉诸传统基础部门法规则的胡拼乱凑"，① 否定网络法具有独立部门法以及交叉学科的地位。此番刺耳言论，旋即引发了网络法学者的剧烈反弹，其中最具代表性的观点是约翰逊（David Johnson）的"空间之别"和莱西格（Lawrence Lessig）的"代码之法"，前者指出网络空间区别于现实社会的独特性质，呼吁传统法律之外的特别规制，② 后者主张网络法的独立需求源于代码主导的技术架构对法律规则的钳制和重塑。③

　　近年来，个人信息保护法作为网络法的先锋，在世界各国落地生根，技术法学、人工智能法学乃至计算法学的研究也渐入佳境，④ 似乎已经以"事实胜于雄辩"的姿态为马法之议盖棺定论。然而，良莠不齐的立法现状以及捉襟见肘的规则适用表明，这一论战远未结束。"知情同意原则"

---

① 参见 Frank Easterbrook, Cyberspace and the Law of the Horse, 207 *University of C.L.F.*, 1996, pp. 207-216。

② David Johnson, David Post, Law and Borders: The Rise of Law in Cyberspace, 22 *Stanford L.R.*, 1996, p. 1368.

③ Lawrence Lessig, *The Law of the Horse: What Cyberlaw Might Teach*, 113 *Harvard L.R.*, 1999, p. 502.

④ 参见申卫星、刘云《法学研究新范式：计算法学的内涵、范畴与方法》，《法学研究》2020年第5期。

广泛被各国立法者前置为信息处理全周期的"第一闸口"，①使得信息处理争议在司法审判实践中常被定性为合同纠纷。在我国，党的十九大报告早已规划出网络强国、数字中国和智慧社会的愿景，《网络安全法》和《电子商务法》分别于 2017 年和 2019 年相继实施。即便如此，针对公民生物特征信息不当采集，杭州市人民法院在令人瞩目的"刷脸第一案"中依然采取了合同思维的裁判进路。2021 年 8 月 20 日《个人信息保护法》正式颁布后，现有审判思路出现何种积极的变化？

人工智能时代，拥有技术优势的企业、平台、机构和个人，存在违法获取、过度收集、随意使用、非法买卖和战略性滥用个人信息的激励，为了保护人民群众最关心、最直接、最现实的信息权益，前有《消费者权益保护法》关于明示信息处理"目的、方式和范围"的原则性要求，后有《民法典》人格权编"隐私权和个人信息保护"的专章规定，就连《刑法》也载有"侵犯公民个人信息罪""非法利用信息网络罪"等。既然网络法并非马法，在传统部门法规则之外，颁布个人信息保护法的意义是什么？其正当性何在？遵循怎样的规则构建逻辑，才能进一步优化个人信息保护规则的制度供给，彻底打消学界的马法疑虑，无疑是《个人信息保护法》适用初期必须考虑的重要问题。

第一节　信息处理活动的"完全契约"误解

"马法高论"的思想渊源，可以追溯至被后人称为"科斯定理"的理论见解："经济活动的外部性可以通过当事人之间的谈判得以纠正和消弭，从而促进社会福利的最大化。"②科斯（Ronald Coase）认为，企业和市场不过是合约的两种形式，是可以相互替代的资源配置机制。将科斯定理置于马法之议的语境之中，不难看出网络法为马法的理论缘由——个人信息保护法，倘若真有立法的必要，其条款也应当是各参与方在协商成本足够低的情况下，必然会采取的制度安排。

---

① 参见王利明《数据共享与个人信息保护》，《现代法学》2019 年第 1 期。
② 参见 Ronald Coase, The Nature of the Firm, 16 *Economica*, 1937, pp. 386-390。

一、理论靠山背后的完全契约观

在科斯所奠基的理论基础之上，杰森（Michael Jensen）和迈克林（William Meckling）发展出了公司合同理论，主张公司是由公司内部显性和隐性的、明示和默示的一系列供应合同、雇佣合同、销售合同等构成的联结，合同各方角力将创造出最优的内生性合理秩序，没有必要再刻意引入外生性制度安排。[①] 正是顺从了古典自由主义经济学的"完全契约观"，伊斯特布鲁克公开质疑网络法相对于传统法律的特殊地位。马法论调对网络法的不屑，几乎一体继受了公司合同理论对公司法的排斥：作为"一系列合同联结"的公司，之所以能够取代市场，是因为公司内部的科层制约有效地降低了各参与方的交易成本；相应地，信息处理活动中各方的合同约定，也应当可以排除基于传统制度思维构建的网络法规则，因为自行高效协商能够生发出最有利于当事人的合同条款。

立法领域赋权主义（Enablingism）的兴起，将"完全契约观"的思想发挥到了极致，似乎只要参与各方地位平等，那么即便立法介入已成既定事实，立法者也应当对强制性规范保持相当程度的克制，仅订立缺省规则即可。[②] 在网络法领域，赋权主义可以被视为马法论调的复辟，因为在绝大多数涉及信息处理的法律关系中，信息主体提供授权是获得信息处理主体服务的前提，两者之间的交换看似基于合意，也没有显而易见的不平等。在自由化倾向与日俱增的背景下，个人信息保护法辖制信息处理活动的合法性基础何在？易言之，如果当事人协商而成的"信息处理合同"已经足以反映各方的意思表示、维护缔约方预期，那么个人信息法的强行介入是否毫无必要？以上问题，必须从信息处理合同的诸多特殊性中寻求解释。

信息处理主体同信息主体之间的合同多为长期合同，这里的长期是相对于即时结清、不连续、存续时间较短的普通合同而言的。信息处理合同的长期性由信息处理主体惯用的"默认同意＋永久授权"的兜售方

---

① 参见 Michael Jensen, William Meckling, Theory of the Firm, 3 *Financial Economics*, 1976, pp. 305–309.

② Greenfield Kent, *The Failure of Corporate Law 16*（2d ed., U. Chi. Press 2008）.

式所确立："默认同意"是指"非明示不可拒绝"，除非勾选取消或手动解除，否则系统会默认信息主体同意某些条款；"永久授权"是指"一次选择、终生相伴"，信息处理主体一旦从信息主体处获得首次授权，之后就不会再对信息分析、用户侧写和信息共享等环节逐一请求信息主体授权。① 显然，"默认拒绝+逐次授权"的信息处理方式更有利于保障信息主体的知情权与自主性。遗憾的是，极少有智能应用和手机程序在逐次询问方面"乐此不疲"，就连一贯以审慎著称的苹果，也从 iOS 13.6 系统开始，引导用户以"默认同意"的方式换取系统自动更新的"永久授权"。

信息处理主体同信息主体之间"长期反复交易"的样态，决定了即便缔约自由得以允分保障，信息处埋合同的缔约、履约和退出机制也面临诸多问题。

二、信息处理合同的特殊性

1. 缔约机制受限

合同的长期性将放大个人意志的局限性，即便缔约双方想方设法地对未来可能发生的情况进行事无巨细的约定，也难免挂一漏万。新社会契约理论表明，个体试图在当下对未来的利益交换作出不可更改的规划和判断，且不说技术的日新月异将在多大程度上颠覆人们的主观想象，只考虑任何信息主体都多少存在的认知局限和思维惯性，便不难理解信息处理合同中必然充斥着的"对对手方的轻信、对潜在风险的低估以及对不确定性的忽视"。② 更何况，在人工智能时代，信息处理主体对个人信息的采集和使用"采取了'自觉自愿'的诱导进路，其对消费公众的吸引力在于'免费'提供更'个性化'的服务"，③ 信息处理主体有充分的激励，将信息处理合同伪装成包含"附负担的赠与"的单务合同，计作为受赠人的信息主体心甘情愿地按照约定履行提供信息的义务。不唯如是，在立

---

① "互联网公司往往以默示同意规则宣示永久免费使用个人信息的权利，甚至采用'要么同意，要么离开'的同意模式。"宋亚辉：《个人信息的私法保护模式研究——〈民法总则〉第 111 条的解释论》，《比较法研究》2019 年第 2 期。
② ［美］麦克尼尔：《新社会契约论》，雷喜宁、潘勤译，中国政法大学出版社 2004 年版，第 26 页。
③ 唐林垚：《人工智能时代的算法规制：责任分层与义务合规》，《现代法学》2020 年第 1 期。

刻就能获得的甜头面前，轻率和盲目乐观往往能够悄无声息地卸掉理性经济人的警惕和防备，信息主体很少考虑诸如"为何借一个共享充电宝需要获取访问摄像头和读取手机相册的权利"等问题。

2. 履约机制失灵

缔约各方可能在合同初始阶段达成相对充分的合意，但随着时间的推移，相当部分的合同内容都不可避免地面临需要嗣后调整的情况。例如，苹果北美应用商店最近强制下架了某款可以从信息主体自拍照推定其健康状况从而自动评估信息主体偿债能力的应用程序，该款应用程序本是一款单纯的图像处理软件，享有在信息主体使用软件时调用其手机相册的权限，而5G时代的来临彻底突破了此前上传带宽不足给信息主体提供的"天然保护"范围，让信息处理主体能够轻易地通过扫描用户相册并对其容貌变化"洞若观火"。技术的变化或为信息处理主体带来全新的营利契机，而身处信息弱势地位的信息主体常常对合同的可能变更束手无策，甚至意识不到合同可期待利益的失衡。信息处理主体为了满足信息披露的合规要求，可能会主动明示信息处理用途的变化甚至对用户提出"危险警告"，但多数时候并不会因此阻碍合同核心条款的变更。只有极少数敏锐的信息主体可能会主动通过限制软件权限的方式来增强隐私保护，但也将因此一己承担所有合同变更的不利后果（例如，每次都需手动选择信息处理主体可以读取的照片）。

3. 退出机制匮乏

信息处理主体和信息主体之间的合同联结，并不因为信息主体不使用信息处理主体的应用或程序就自然终止，例如，手机用户即使不打开某些应用程序也不妨碍它们向前台精准投放广告或在后台悄然收集信息；清空网购平台购物车中的商品并删除历史搜索记录，可以阻止平台精准推送特定种类的产品，但系统依旧可以利用根据用户过去的浏览方式和点击频率等痕迹判定用户偏好和购买习惯，对信息主体进行"套路"和"杀熟"。更可怕的是，手动删除应用程序也只能确保信息主体在特定设备上暂时脱离信息处理主体的"针对"。在动辄绑定邮箱、手机、微信或支付宝的前置性缔约要求下，注销账户也不能确保合同的终止，毕竟，信息主体不可能为了彻底终止同某一个信息处理主体的藕断丝连，就因噎废食，连手机号和社交账号都变更。各国个人信息保护法的通常做法是，赋予信息主体撤回同意的权利，但新的问题也因此产生，例如，撤回同意是否会影响此前信息处理活动的合法性？撤回授权能否一并中断信息处理主体对已经收集信息的访问和利用？更严重的问题在于，虽然技术上让信息主体在注销账户的同时撤回所有授权是可行的，但信息主体能否对处理原始信息后生成的过程信息以及因平台联动经由信息处理主体流转出去的信息主张控制权尚无定论。职是之故，大数据的信息黏合机理，已经在某种程度上超越了《民法典》第562条和第563条规定的可以单方解除合同的各种情形，使得信息主体虽然可以在名义上解除同信息处理主体之间的合意，但对合同（至少是小部分合同）在事实上的存续依旧无能为力。

综上所述，涉及缔约、履约和合同退出机制等问题时，传统的合同路径存在顾此失彼和应接不暇的情况，无论信息处理主体和信息主体之间的初始合意有多么充分，在遥遥无期的时间长河里，不可将公平和正义价值之维系完全寄托于缔约方意思自治，而必须引入一些强制性规则，例如对未成年人信息处理之限制（《个人信息保护法》第31条）、个人有权撤回同意信息处理的情形（《个人信息保护法》第15条）、保证自动化决策的透明度和处理结果的公平透明合理（《个人信息保护法》第24条）等，体现出《个人信息保护法》部分规则的公法属性。就此而论，《个人信息保护法》不应被视为《民法典》信息保护规则的单纯延伸：在私法自治难以自发生成最优秩序的信息处理活动中，《个人信息保护法》更重要的角色在于为当事人可自由协商事项划定不可逾越的边界。考虑到信息处理合同的诸多特殊之处，完全依赖合同法对信息处理纠纷进行裁判，将无法对信息主体提供周全保护。

三、个人信息保护法的"非完全契约"功用

信息处理合同不具备完全契约的圆满性，以知情同意为核心条款、任由当事人自由协商的做法，最终将使信息主体"身陷囹圄"。在完全契约之外，学者们用"非完全契约"的字眼来描述无法在当下预见一切、难以对具体事项无所不包的合同。几乎是在伊斯特布鲁克"马法之喻"大行其道的同一时期，哈特（Oliver Hart）和莫尔（John Moore）通过对交易费用理论的批判性发展，在完全契约的基础上，开创了非完全

契约理论，①其核心观点是，虽然人们为节省交易成本在制度构建方面处心积虑，但有限理性、机会主义和信息不对称的情况泛滥，明晰所有权力分配的成本过于高昂，因此，完全契约理论所描述的面面俱到的理想合同并不存在，瑕瑜互见的非完全契约，才是市场交易中客观存在的常态。②

格罗斯曼和哈特从三个方面解释了合同的非完全性：其一，面对复杂多变的世界，人们很难对未来可能发生的所有情况作出事无巨细的规划，对既往经验无限依赖导致的有限理性必然会"限制人们的想象力"；其二，面对尚未发生的情形，缔约各方很难找到能够恰当描述各种未知情况和潜在冲突的语言，并将其准确地表达为长期可靠的协议或条款，毕竟，"语言的极端精确常以内容的极端空洞为代价"；③ 其三，面对可能的纠纷，外部权威（例如法院）很难真正回溯至合同制订之时的语境去揣度特定表述的含义并加以执行，尤其是当事各方在协商过程中的真实意图，更是无从知晓。④ 信息处理合同具备以上所有的非完全契约属性。

依照是否和能否在合约中进行明确规定，莫尔将交易中的权利分为特定权利和剩余权利。一般情况下，在合约中难以规定的剩余权利对于交易双方而言是对称分布的，但在信息处理活动中，信息处理方显然具有相对于信息主体的压倒性技术优势，剩余权利的分布将不再对称。非完全契约理论指出，可预见、可实施的权利对资源配置并不重要，真正重要的是对合同中无法明示的剩余权利的控制力，即剩余控制权；哈特甚至将剩余控制权等同于实质所有权，并主张将剩余控制权配置给投资决策相对重要的一方。⑤ 信息处理活动的双方没有条件也不可能在合同中明确未来所有的特定权利，因此合宜的做法是一方将另一方兼并（买

---

① 格罗斯曼（Stanford Grossman）等人也对此理论的创建作出贡献。

② 参见 Oliver Hart, John Moore, Default and Renegotiation: A Dynamic Model of Debt, 113 *Quarterly J. E.*, 1998, pp. 5-9。

③ Arthur Kaufmann, Analogie Und "Natur der Sache" Zugleich Ein Beitrag, 12 *Zur Lehre Vom Typus*, 1982, p. 74.

④ Stanford Grossman, Oliver Hart, The Costs and Benefits of Ownership: A Theory of Vertical and Lateral Integration, 94 *Journal P. E.*, 1986, p. 691.

⑤ 参见 Oliver Hart, John Moore, On the Design of Hierarchies: Coordination Versus Specialization, 113 *Journal P. E.*, 2005, pp. 675-678。

断），即将剩余权利配置给更能有效利用它的信息处理主体。但是，大数据时代，信息被视为新的石油，取得剩余权利或将给信息处理主体带来超越常规的回报，而信息主体却可能因此蒙受损失，造成激励机制的扭曲。此时，法律接管自由缔约的正当性就体现在，确保获得收益的购买方对蒙受损失的出售方给予充分补偿，以便最大限度地减少不公平博弈的种种不效率。然而，围绕漏洞重重知情同意机制构建的相关民事法律以及习惯性采用负面清单模式列举非法事项的相关刑事法律，不仅未能优化信息处理活动的交易样态，甚至在事实上将剩余权利一刀切地配置给了信息处理主体。括而言之，个人信息保护法并非马法之证成，应当从传统部门法的缺陷和不足中寻求依据。

以非完全契约理论对具有完全契约意味的马法论调进行反驳，可以得出的结论是，个人信息保护法至少应当在三重目的上突破传统部门法所框定的藩篱：其一，作为非完全契约的格式范本机制，为信息处理活动的双方规划出剩余权利的最优交易方案；其二，作为非完全契约的漏洞补充机制，确保信息处理主体对于可能对信息主体造成损失的行为支付合理的对价；其三，作为非完全契约的冲突防范机制，为未来可能存在的权力冲突和责任划分预留解决问题的思路和方法论。

1. 非完全契约的格式范本机制

在各个领域广泛存在的标准合同，是人们为了节省交易成本而形成的智慧结晶。《民法典》第 496 条沿用了《合同法》第 39 条关于"格式条款"的定义，以"预先拟定"旨在"重复使用"为标准合同的形式特征，以"订立时无须与对方协商"为标准合同的实质特征。伊斯特布鲁克之所以将网络法同马法相提并论，主要是因为其认为网络法仅在现象层面堆积了各种因为涉及网络而看似相互关联的问题，并没有提出真正有新意的、可以统合这些问题的系统性理论。对于信息处理活动，伊斯特布鲁克的"马法观"所揭示出来的矛盾是，明明可以用标准合同就能够解决的问题，何须动用立法？根据非完全契约理论，完全仰仗当事人自由缔约形成的信息处理合同，极易因为难以揣度技术的嬗变而忽略潜在的矛盾与冲突，最终置身处技术弱势方的信息主体于"万劫不复"之地。诚然，在各参与方不间断地试错和纠错的过程中，行业内可能会自发形成信息处理活动的标准合同范本，但在信息处理主体主导技术变革的大背景下，行业标准合同修订所带来的正向收益将被其垄断——所谓的完善和优化，根本目的在于单方面降低信息处理主体的交易成本。在这种情况下，由国家和政府提供公共物品的比较优势彰明较著。立法者通过对法院审判、行政机构执法、行业监管等经验和教训的吸收，结合对当事人各方的意见征询，将信息处理活动中可能存在的问题及其合理解决方案转化为公共产品，向交易各方提供，形成对信息处理主体和信息主体"同等有利、公平公正"的合同范本。

以《个人信息保护法》形式出现的标准合同取代行业自治形成的标准合同的正当性在于，后者常常服务于信息处理主体的利益最大化，将信息主体置于任人收割的"韭菜"地位，而前者当以"节省整体交易成本"为目标，对平衡各方利益有利。例如，《个人信息保护法》第 16 条禁止信息处理主体以不同意或撤回信息处理授权为由，拒绝向信息主体提供产品或服务；第 50 条要求信息处理主体建立信息主体行使权利的"申请受理和处理机制"，这些规则设计主要是为了让信息处理活动的多数正向收益"雨露均沾"。以国家强制力为后盾一体推行的标准合同，能够有效降低当事人的协商成本，减少必须讨价还价的纠结事项，让缔约各方将磨合的焦点集中于最重要的事项上。以"合同层面的统一"促进"交易形态的趋同"，还能有力减缓监管层面的压力。在数字金融领域，长期存在企业同政府赛跑的情况。由于合规成本乃人力成本之外的头号开销，金融科技类企业的监管套利之心尤其。① 作为信息处理活动的既得利益者，金融科技巨头天然排斥由国家一体推行的行业规则取代原有的合同自治，更有甚者公开在金融峰会上炮轰监管层"把填补空白当作目标""只讲风险控制，不讲发展""管的能力很强，监的能力不够"，引发舆论哗然。2020年 11 月出台的《网络小额贷款业务管理暂行办法（征求意见稿）》对个人信息的归集与使用作出详细规定，并且严控杠杆率，在防止金融科技作恶方面表现出"管得到位、监得及时"的气度。针对大型平台的不正当竞争行为，2020 年 12 月 15 日，欧盟公布了《数字服务法》和《数字市场法》，我国市场监管总局也于 2020 年 12 月 24 日启动了对阿里巴巴集团控股有限公司的垄断调查。

---

① 参见沈伟、张焱《普惠金融视阈下的金融科技监管悖论及其克服进路》，《比较法研究》2020 年第 5 期。

2. 非完全契约的漏洞补全机制

信息处理活动外延甚广、技术性强，信息主体的短视行为难以避免，也不可能做到对合同相对方的知根知底。举例而言，信息处理主体因合并、分立等原因需要转移个人信息等情形，在缔约时可能并未进入信息主体的视野，信息接收方乘机变更原先的信息处理目的和方式等机会主义行为，实际上也不能完全依靠合同法的规则予以避免和遏制。各国个人信息保护法一般要求接收方对原信息处理主体的责任和义务概括承受，并且就任何处理目的和方式的变更重新向信息主体请求授权，给了信息主体决定是否继续履行合同的权利，从而有效地解决了这一问题。

在流量经济引发道德风险的今天，个人信息保护法的漏洞补全功能尤其重要。为争夺市场占有率，信息处理主体依靠过度宣传招揽客户的行径可谓司空见惯。只要能够促成同信息主体之间的合同，信息处理主体对可能引发争议的特别事项或避而不谈，或刻意将其美化，例如，将"转委托"的行为包装表述为"与第三方形成技术合力，共同提供最强技术保障"。无论自我宣传得多么光鲜亮丽，信息处理主体常常面临自身技术禀赋不足以应对海量大数据的困境，委托他人处理信息的情形时有发生。受托方可能兢兢业业按照与信息处理主体的约定在处理信息时遵循既定目的和方式，但是，当委托关系解除后，受托方极有可能以对自身有利的方式再次"开垦"信息；而且，当受托方的信息处理能力到达上限时，受托方可能再次转委托他人处理个人信息，这种层层外包的方式若不加限制，将导致信息主体的隐私受到"反复侵害"。除此之外，囿于同信息主体的原合同，信息处理主体委托第三方代为处理信息时必须对个人信息作匿名化处理，可是，谁能保证受托方无法采取技术手段重新识别个人身份并从中牟利呢？为填补上述漏洞，有必要在个人信息保护法中将再次转委托禁止条款、反匿名处理条款等固化为信息处理合同的缺省条款。

3. 非完全契约的冲突防范机制

长期合同所固有的不确定性是信息处理合同不稳定性的根源。由于相当多的意外情况可能在日后的信息处理活动中才发生，缔约双方尤其是信息主体可能无法意识，也无法准确地评估信息处理合同中哪些条款会使自身面临巨大的风险。例如，信息主体可能无法接受，将用户日志访问权限配置给信息处理主体，不仅不能"提升用户使用体验"，还会留下巨大的信息保护空白；也可能不会想到，为参会在网上填写的个人信息，稍不注意就会流转到别有用心的人手中；更可能预料不到，出于实现公共利益的善心，适当允许信息处理主体扩大信息采集范围，反而最终助长了价格歧视、算法偏见以及平台杀熟等情况。所以，预见不足导致的信息主体和信息处理主体之间的张力，亟待个人信息保护法通过禁止超出信息采集原始目的处理信息的原则性规定、个人信息处理者在信息泄露情况下的及时补救责任以及贯穿信息处理流程的安全保障义务予以缓解。

信息处理合同的非完全契约属性，揭示了个人信息保护法的三重核心功能。从剩余权利的角度来看，事前的剩余权利分配不当，不仅不会鼓励信息处理主体提升内部管理制度和操作规程以提升信息处理安全等级，反而会产生错误的激励，使信息处理主体寻求事后谈判的权利。更多占有剩余控制权的一方将获得"谈判力增强"，而失去剩余权利的一方将在后续谈判中陷入"套牢僵局（Holdup）"。[1] 出于非完全契约的格式范本功能和漏洞补全功能，个人信息保护法的事前作用在于充分协调缔约前的剩余权利分配，既要正向激励信息处理主体加大资产专用性投资提升信息处理能力，又要反向强化信息主体对自身信息的把控能力，增大其在初始缔约谈判桌上的筹码。个人信息保护法的"动态性"表现在，一方面通过对剩余权利的一般性分配尽可能地解决事前的无效率问题，另一方面不排斥为解决合同签订之后潜在冲突而进行的事后再缔约。因此，出于非完全契约的冲突防范机制，个人信息保护法还应努力降低各方事后再缔约的交易成本。事后谈判成本过高，必然将阻碍当事人以协商方式积极主动消弭合同缔约和履行过程中不断浮出水面的冲突，毕竟，一旦这些冲突显化为"房间里的大象"，双方的合作将不可能延续，而信息主体通常将不得已承受终止信息处理合同的主要代价。在既有合同法规则之外，个人信息保护法构成了开放性合同的补充机制，动态嵌入信息处理合同的缔约、履行与存续之中，这显然是单纯东拼西凑的"马法"无法达至的功能境界。

---

① 参见朱慈蕴、沈朝晖《不完全合同视角下的公司治理规则》，《法学》2017 年第 4 期。

第二节 个人信息保护法的功能原理

从外观上看，完全契约理论和非完全契约理论呈现出大异其趣的价值观。完全契约理论作为交易成本理论的延续，认为多方博弈的结果将自发生成各方都能满意的合理秩序，合同作为各方利益关系的联结，足以取代外生性的制度安排；合同的正当性在于能够充分节省各方的交易成本。非完全契约理论从"不可预见性"、"不可描述性"和"不可证实性"三个方面对完全契约理论展开批判，更重要的是，非完全契约理论意识到了缔约完全契约本身也将可能产生极高的交易成本，可谓以"产生新交易成本"之矛攻"节省交易成本"之盾。不过，非完全契约理论的研究范式也存在逻辑不自洽的情况，例如，经常在假设缔约各方为有限理论的同时，又同时认可缔约各方依照未来形势进行成本—收益分析的动态规划能力。诺贝尔经济学奖得主马斯金（Eric Maskin）和梯若尔（Jean Tirole）就曾指出，"合同缔约方对未来状态不可预见性的'非理性'与能够预期未来收益并在缔约阶段就进行优化决策的'充分理性'之间存在'张力'"，[1] 借此得出了合同能否描述未来的全部状态与合同的非完全程度无关的"不相关定理"。[2] 从动态的角度来看，虽然充分预见未来的情况颇有难度，但是参与各方可以在缔约前尽其所能获取未来情形的各种信息，让合同在可以预见的某一时间段内尽可能趋近于"完全"；再不济，当事人还可以选择"走一步看一步"的协商模式，在既有的资源基础上先将各方初步共识以合同的方式固定下来，之后再对不可预料的情形"见招拆招"，允许合同以多种方式履行并通过逐次谈判达成合意。总之，合同各方可以通过不断参与获得提升，从有限理性的非完全状态逐渐无限趋近绝对理性的完全状态。因此，从动态的视角来看，完全契约和非完全契约实属窥察期限不同造就的二律背反，并非天然对立不可调和。

---

[1] 蒋士成、李靖、费方域：《内生不完全合同理论研究进展》，《经济学动态》2018 年第 5 期。

[2] Eric Maskin, Jean Tirole, Unforeseen Contingencies and Incomplete Contracts, 66 *Review of E.S.*, 1999, p. 83.

一、个人信息保护立法的"双轨化"尝试

事实上，无论是完全契约还是非完全契约，缔约和履约过程的交易成本均不可避免。情况复杂和有限理性对缔约能力的双重束缚，将为完全契约的尝试带来可观的事前交易成本，而缔约各方在事后的逐次交涉以及协调行动将给非完全契约带来难以估量的事后交易成本。缔约双方选择完全契约抑或非完全契约的缔约尝试，通常将取决于完全契约在事后节约的交易成本相对于事前必须付出的交易成本，以及非完全契约在事前节约的交易成本相对于事后不断投入的交易成本，哪一组差值对应着更高的性价比。简言之，尝试哪一种合同形式能够真正最小化缔约和履约过程中的交易成本总和。诚然，在完全契约状态只能无限趋近而不可真正达至的客观现实面前，单纯衡量为缔约完全契约所做的事前努力和为维护非完全契约所做的事后努力之大小，并没有实际的意义，但是由"不相关定理"引发的上述分析框架，正契合了当前个人信息保护立法介于"短期完全契约和长期非完全契约"之间的双轨化尝试：一方面，在逐渐清晰的技术发展趋势面前，个人信息保护法反映了立法者努力获取未来各种可能情况并将最优资源分配方案固定下来的最大努力，以政府承担绝大多数缔约前成本的方式，为信息处理活动的双方提供无限接近完全契约的范本和模本；另一方面，当未来的交易样态和技术变革不可描述或不可知时，个人信息保护法将充当一种动态机制，或引导当事人"不忘初心"，尽可能按照合同签订之时的意愿继续执行合同，或为利益格局的重大变化设定足以以变应变的程序预设。

二、势在必行的介入型立法范式

1. 公共利益与社会责任优位

在信息处理活动中，各方都难以完全预料将来可能发生的各种情况，只能将彼此之间的纽带视为未知领域的整体行为的组成部分，无论缔约之时的合意有多么充分，各方的权利和义务将一直处于开放的修正状态中。随着人工智能技术结构性嵌入社会化运营，信息主体和信息处理主体之间

的关系将越趋复杂，[1] 单一的合同范式将转变为多元的、以复杂的方式连续发生并且难以被区分为个别阶段的交换。在特定的情况下，为了实现社会整体利益的最大化，信息主体必须作出牺牲，以个人权利的适度克减换取社会群体的安全与繁荣。例如，在重大公共卫生突发事件中，健康码等智能应用保障的"社会共律"能够有效弥补人们普遍存在的"自律不足"，凸显"个人健康"促进"社会健康"的最大正义。当信息处理主体因掌握技术和信息参与公共管理事务、成为公权力的延伸时，必须分清主次、杜绝机会主义行为、不谋求超越常规的回报，本着合作共赢的态度履行相应的社会责任。

　　政府追求经济效用之外的目标，构成了个人信息保护法的重要价值之一。个人信息保护法应对那些"长痛不如短痛"的事项，作出超越当事人协商的法定安排，因为合同的缔约方通常只聚焦于内部事务的权力分配，全然不顾外部环境的风云变幻。在贸易保护主义思想渗透进跨境信息处理活动各个层面之时，各国出于安全目的对跨境信息的限制和审查愈发频繁。保护本国数字产业发展的综合利益考量经常被拔高至"国家安全"的层面，"信息主权"的思想也逐渐融入各国的立法和执法活动中，围绕信息处理展开的法律博弈日益激烈。美国《澄清域外合法使用数据法案》（CLOUD Act）以控制者标准界定信息主权，配合美国政府对域名系统（DNS）以及"互联网名称与数字地址分配机构（ICANN）"的绝对控制，打造了信息流动规则的双重标准——一方面为保障美国技术与经济优势，对其他国家染指美国个人信息"零容忍"；另一方面则仰仗这种优势在全球肆意掠夺信息，消解他国个人信息保护壁垒，维持美国利益优位。[2] 欧盟对此并未束手就擒，首先以法院判决等方式使欧美之间的《安全港协议》（Safe Harbor）归于无效，之后又在《隐私盾协议》（EU-US Privacy Shield）中弱化美国政府在欧盟的"长臂管辖权"，还通过 GDPR 推行以存储者为核心的信息主权界定模式，为后来人对抗美国的"信息霸凌"树立了榜样。

　　2020 年 8 月，美国特朗普政府签署行政命令，禁止任何美国企业和

---

① 参见马长山《数字社会的治理逻辑及其法治化展开》，《法律科学（西北政法大学学报）》2020年第 5 期。

② 参见 Secil Bilgic, Something Old, Something New, and Something Moot: The Privacy Crisis Under the CLOUD Act, 32 *Harvard J. L. T.*, 2018, pp.331-332。

个人同字节跳动、腾讯进行交易，为我国跨境信息处理主体提前做好合规风险应对敲响警钟。面对复杂多变的国际形势和别国政客的恶意刁难，我国立法者应当顺应国际立法趋势进行全球信息跨境的顶层制度设计，将信息资产的思路贯彻到信息处理主体的日常经营管理之中，并为难以避免的"信息摩擦"预留反制空间。《个人信息保护法》第三章"个人信息跨境提供的规则"势必将与《网络安全法》《数据安全法》等形成联动，共同承载上述功能，为我国信息、科技类企业"走得快、走得远"保驾护航。

2. 中央立法与一体适用优位

在信息技术快速发展和迭代的过程中，许多法律制度和程序实际上难以定型，如果采用政府立法的方式，可能会增加规制的成本。虽然市场对可预期性规则的需求特别强烈，但倘若法律规则无法最大限度地贴合各参与方的实际感受，其只能作为一种制度框架存在。也就是说，在技术迭代阶段，行政措施自然比法律手段更富有成效；好在长期行政执法和地方规制的经验积累，已经为我国个人信息保护法的施行奠定了良好的基础。

在中央和地方行政分权体制下，地方政府在个人信息保护立法方面发挥着特殊作用。以电商云集的杭州和深圳为例，两地分别率先提出了《杭州市数据安全保障体系规划（2018—2020）》和《深圳经济特区数据条例》，试图赶在国家层面的《个人信息保护法》出台之前确立"信息权"，以填补《民法典》第 127 条"法律对数据、网络虚拟财产的保护有规定的，依照其规定"以及《数据安全法》第 7 条"国家保护个人、组织与数据有关的权益"的立法空白。

地方个人信息保护立法虽然也对隐私保护、信息安全作出规定，但其人尽皆知的终极目的是最大限度地推进信息的流转和利用。例如，杭州作为中国互联网之都，从 2014 年起就将发展信息科技和推广智慧应用列为"一号工程"。编制《杭州市数据安全保障体系规划（2018—2020）》，是为了促进杭州"大数据产业的健康发展"，将"无条件归集""有条件共享"奠定为信息资源交换的基本原则。在增进信息活动水平方面，高质量上市公司云集的深圳同样竭尽全力，《深圳经济特区数据条例（征求意见稿）》第 3 条曾将"创新、协调、绿色、开放、共享"的发展理念定调为基本原则，把"促进发展"置于"隐私保护"之前；直到正式文件公布才在第 1 条进行了相应的调整，将"规范数据处理活动，保护自然人、法人和非法人组织的合法权益"置于"促进数据作为生产要素开放流动和开发利用"之前。反观《个人信息保护法》第二章"个人信息处理规则",信息主体授权是信息收集和处理的根本前提,信息不共享是个人信息保护法倡导的"被动常态"。虽然知情同意机制饱受争议,但无论如何也具有比"无条件归集"更高的安全系数。《个人信息保护法》总则第 1 条开宗明义,亮明制定《个人信息保护法》的根本目的首先是"保护个人信息权益,规范个人信息处理活动",其次才是"促进个人信息合理利用"。易言之,信息资源高效配置,应当建立在信息处理活动各参与方的合法权益被充分保护的基础之上,波斯纳所言"我所界定的效率就是一个足够的正义概念"在信息处理活动中不复适用,"那些被观察是有效率的原则"不能被等同于"那些被认为是公正的原则"。①

　　究其根源,中央立法须从政治、经济、文化和社会等方面通盘考虑,但地方立法常常只需对本地区的经济效益负责;任期制下的短期追求通常与个人权益的长远保护格格不入。高新技术企业是地方政府的纳税大户、凸显政绩的工程样板、面向全国的吸金窗口,从政策咨询、地方立法到规则推行,处处都活跃着这些企业的影子。在 GDPR 颁布之前,欧盟也经历了信息处理合同自由化倾向越发明显的时期,出于对个人信息保护的慎重,成员国法院介入信息处理纠纷也越发频繁,起到了"弥补合同漏洞"的作用。由于用户数量和信息价值直接决定公司估值,各成员国的科技公司之间形成了"逐底竞争"的态势。各成员国政府出于对社会效益的单方面追求,为提升本国科技公司的国际竞争力不遗余力,经常对司法机关进行变相"规则指引",致使原来"弥补合同漏洞"的司法介入被异化为变相的行政干预,政府目标取代个人权益保护,成为科技类企业做强做大的"令箭"。直到欧盟层面的集中式立法一体推行之后,成员国各自为政导致的信息保护政策割裂和供给不连续现象才得以逐渐缓解。鉴于此,我国当下以"保障体系规划"和"数据条例"形式存在的地方个人信息保护指引,充其量只能被视为《个人信息保护法》适用初期的权益性制度安排,而不应过度拔高其重要性,使之对个人信息保护各项规则的目标导向产生影响。

---

① 〔美〕理查德·A.波斯纳:《法律的经济分析》,蒋兆康译,中国大百科全书出版社 1997 年版,第341 页。

3. 科技向善与利益衡平优位

纵使信息处理合同不是完全契约，但是立法者以个人信息保护法取代各参与方意思自治的正当性何在？法律白纸黑字的制度安排凭什么就一定优于当事人自己的合同安排呢？"法律制度的正当性则取决于'正当化的过程'以及为了达到这一目的而运用的'说理的技术'。"[①] 在技术黑箱面前，立法者的智识和经验，虽然未必能够完全弥补信息处理合同的非完全性，但是比起普遍欠缺相关知识的信息主体来说，更有能力缔造出防止"科技作恶"的游戏规则。我国《个人信息保护法》，一直坚持立足国情与借鉴国际经验相结合，努力将国际通行和行业认可的做法和措施上升为符合我国实际的法律规范；虽然未必（也不可能）尽善尽美，但立法者已经跳脱出传统信息处理活动的眼界束缚，谋求在充分理性的基础上以人们所设想的正义为目标来实现社会利益最大化，借此创造出有利于交易长期存续的合同规则，展现出通常被眼前利益"一叶障目"的信息主体和信息处理主体永远难以企及的缔约水准。对于尚存争议的疑难杂症和难以预料的潜在问题，如果任凭信息主体和信息处理主体自行博弈确定合同的未来变更方式，必然将走向技术决定论的极端——知识和权力的结合带来赢者通吃、技术操纵、工具权力异化和治理内卷化的多重失控。虽然立法者不可能完全掌握信息处理法律关系中各方的利益诉求，更不可能以家长式的关怀及时体察当事人的心理变化，但其基于社会利益的考量，为维护公共秩序和善良风俗而推崇体现国家干预的强制性规范，已然是信息处理活动中双方利益冲突无法调和的零和博弈的最优解。

"个人信息不仅关涉个人利益，而且关涉他人和整个社会利益……具有公共性和社会性……这预示着个人信息保护应从个人控制走向社会控制。"[②] 个人信息保护规则的演进，最好体现为政府主导的行政意志变迁，而不是由市场参与各方自行协调、自导自演的规则变化。在人工智能语境下，公共福利并不等同于数个个人偏好被满足的单纯叠加。为实现立法者推动的规则"逆向生长"，宜淡化个人信息保护法授权过多的合同色彩，还原其理应具有的政府管制的担当与刚性。

---

① 罗培新：《公司法的合同路径与公司法规则的正当性》，《法学研究》2004 年第 2 期。

② 高富平：《个人信息保护：从个人控制到社会控制》，《法学研究》2018 年第 3 期。

第三节 当前个人信息保护法的完善方向

结合上述，立法机关颁布个人信息保护法，只是使其获得了短暂的、表面上的合法性，个人信息保护法的长期和实质合法性源于其迅速迭代的适应性品质。在未来，个人信息保护法的优化和更迭，可以从以下几个方面展开。

一、突破合同藩篱：个人信息保护法的"更高站位"

个人信息保护法必须经得起市场的检视与评估，充分关注行业的内生要求和缔约各方的意思表示，才能在利益交织错综复杂的信息处理活动中占有一席之地。不可否认，个人信息法中的多项基本原则，例如知情同意原则、最少够用原则、安全保密原则等，都深深地打上了合同的烙印，这些奠基于责任和能力相配、获得和付出相当的一般性保护规则，起到了弥补长期信息处理合同各种缺漏、维护各参与方合理预期和信赖利益的作用。然而，单纯依照合同原理构建的个人信息保护法，尚不足以约束信息处理主体机会主义行为，某些展示形式化公平的合规要求（例如反复获取授权），反倒成为信息处理主体铤而走险、违规收集个人信息、与约定相博弈的催化剂。作为合同核心规则的知情同意机制，也面临在实践中被架空的情形——长篇累牍用户协议下的知情可能并非真的知情、授权俘获机制下的同意可能并非真的同意，而现行法判定信息主体是否因"知情"作出"同意"意思表示的审查标准，是信息处理主体是否履行了最低信息披露要求，这实际上是以信息处理主体的行为违法性评价取代信息主体的法益保护评价，极大地背离了订立合同的初衷。

个人信息保护法相对于合同法的更高站位，源于立法者制定规则时运用的思维和智识合理性，即立法者是否可以从不完美的角度，理性看待从合同向非合同的范式转换？至今为止，法院审理信息处理相关案件时，运用得最频繁的还是合同的解析方法，倾向于单纯从合同文义本身出发去寻求最能嵌套民法规则的解释。作为非完全契约的格式范本机制、漏洞补全机制和冲突防范机制，个人信息保护法的各项制度安排，应当有助于法官在临事裁判时还原缔约双方在实质公平、充分协商的情况下本应达成的条款原貌。在合同惯性思维之外，个人信息保护法的意义在于补充，而非直接替代当事人的自由协商，其条款应当以增进各方福利、降低整体交易成本为主导价值取向。

二、超越马法之议：个人信息保护法的"范式转换"

1. 强制性规范压倒任意性规范

静态地看，个人信息保护法中的强制性规范和任意性规范都具有补全合同漏洞的功能，但两类规范填补信息处理合同非完全性的方式各不相同，且对缔约方谈判行为的影响不一。个人信息保护法中的强制性规范旨在直接封堵个人缔约缺漏，不容许当事人绕开强制规则作出不同的选择。例如，以合法、公正、透明方式处理个人信息的强制性规定，是对信息主体的最低程度的保护，任何人不得通过协议方式排除。又如，技术黑箱掩映下，信息处理主体借此牟利的激励尤其明显，信息主体普遍缺乏知识、能力和资源对信息处理主体进行有效监督，[1] 要求信息处理主体定期委托第三方专业机构进行审计的强制性规定便自然取代了信息主体的无效监督，促使信息处理主体恪尽职责。强制性规范补全合同漏洞的效率，取决于立法者能在多大程度上替代信息主体"超前思考"，以不亚于行家里手之智识对抗信息处理主体的潜在监管套利行为。

个人信息保护法中的任意性规范旨在循序渐进地修补缔约的漏洞，其修补的漏洞未必完全是当事人协商存在的缺漏，更多的还包括合同履行过程中外部环境的变化导致过去原本滴水不漏的合同条款的过时与局限。鉴于各国个人信息保护法立法普遍处于发展变化阶段，可将个人信息保护法的任意性规范划分为习惯升格形成的任意性规范和司法裁判形成的任意性规范，前者反映了行业内部的"多数人同意"，其形成依赖于缔约方之间的有效谈判以及缔约过程所揭示出来的关键信息和通常实践；后者是法院根据个案的具体情况依照一般法理裁决形成的规则，是司法系统对技术变革的即时回应。任意性规范的漏洞填补效率，主要取决于谈判中各方意思

---

① 参见陈景辉《算法的法律性质：言论、商业秘密还是正当程序？》，《比较法研究》2020年第2期。

表达的有效程度。信息处理合同的非完全，有时是由于信息处理主体的策略性行为造成的，通过刻意隐瞒信息或选择性适用任意性规范，信息处理主体谋求在争议发生时法院能够适用甚至形成对自己有利的裁判规则。技术的日新月异或不断加大信息处理主体在技术和信息上的双重优势地位，个人信息保护法应当尽力减少必然加剧信息处理主体相对于信息主体优势地位的任意性规范，强调信息处理主体的安全保障义务，实现对合同双方的衡平，更好地弥补合同的非完全性。

在实践中，信息处理主体通常高估自身的风险控制能力而低估信息泄露的隐患，任由其一手遮天地规定合同内容，将存在大量信息主体权益和隐私保护方面的疏漏，令双方合作难以为继。只有文义清晰的强制性规范，才能有效解决上述问题。杜绝信息处理主体自负的通行做法是，以明文规定的方式要求信息处理主体做好自身的"适当性评估"，例如信息处理的目的和方式是否"合法、正当、必要"、对信息主体的影响是否"适宜、妥帖、可控"以及信息存储是否"稳定、安全、私密"，不能满足"适当性评估"的信息处理行为将引致赔偿与处罚，视情节与后果的严重程度划分不同等级。

2020年11月，圆通速递被爆出公司内部员工与不法分子勾结，致使40万条公民信息泄露的丑闻，揭开了个人信息贩售黑色产业链的面纱。比快递信息泄露更可怕的是人脸信息贩卖黑市。据报道，有商家在网络平台上公然兜售"人脸信息"，涵盖上千人近10万条相关图像与信息，5000张人脸照片的标价不到10元。[①] 在我国，人脸信息的泄露主要源于信息处理主体运营工作人员"监守自盗"或信息处理主体破产后数据库被倒卖，极少是因为黑客入侵等其他原因。显然，这种恶性事件不能让快递公司以"免单贿赂"的方式同信息主体达成谅解了事，也不能只开除或处罚犯事员工而忽略平台责任，更不能对人脸信息黑市的野蛮生长听之任之。

我国《刑法》第253条之一规定了"侵犯公民个人信息罪"："违反国家有关规定，向他人出售或者提供公民个人信息，情节严重的，处三年以下有期徒刑或者拘役，并处或者单处罚金；情节特别严重的，处三年以上七年以下有期徒刑，并处罚金。"该条还着重规定："违反国家有关规

---

① 参见刘华东《加强新兴领域立法——全国人大常委会法工委发言人回答立法热点问题》，《光明日报》2020年12月22日，第3版。

定，将在履行职责或者提供服务过程中获得的公民个人信息，出售或者提供给他人的，依照前款的规定从重处罚。"最高人民法院、最高人民检察院《关于办理侵犯公民个人信息刑事案件适用法律若干问题的解释》对量刑标准进行了细化，非法获取、出售或提供敏感个人信息 50 条以上、普通信息 500 条以上或违法所得 5000 元以上即可被定性为"情节严重"；达到"情节严重"标准 10 倍以上或造成重大经济损失或者恶劣社会影响的，将被定性为"情节特别严重"。对于平台，《刑法》特别规定了"拒不履行信息网络安全管理义务罪"，"致使用户信息泄露，造成严重后果"是该罪的典型适用情形之一。

回到本章开头的问题，在《刑法》规定日臻完善、司法解释标准明确的情况下，个人信息保护法是否还有适用空间？诚然，《刑法》的严格规定，能够较好地威慑信息处理活动中的不法行为，但在《刑法》"情节严重"和"情节特别严重"之外，还存在"情节轻微""情节较严重"等情形，[①] 如果一概以《治安管理处罚法》中"扰乱公共秩序，妨害公共安全、侵犯人身权利……尚不够刑事处罚"定性，似乎法律和法律之间的衔接过于粗糙。反观《民法典》第 1032 条至第 1039 条以"享有""应当""不得"作出的"应然"规定，仅是在民法层面确认了自然人的隐私权和个人信息受法律保护，以及信息处理者负有采取技术措施和其他必要措施保护自然人相关权利的义务，在现实中信息主体也不可能稍受侵犯就提起民事诉讼来维护自身的权利，既有法律之间的规则真空有待填补。因此，个人信息保护法应在民法、刑法和治安处罚法之外，提供颗粒度更细腻的个人信息保护规则，更重要的是，法律应对信息主体不同侵害的相关赔偿规则予以细化，但《个人信息保护法》仅在第 69 条规定信息主体可按照实际受到的损失或信息处理主体实际获得的利益请求赔偿，将难以确定损失和获利的难题推给法院，这等于是打着个人信息保护法的幌子，重复了民法的基本规则而已。"刷脸第一案"中的原告郭兵虽取得阶段性的部分胜利，但仅就合同利益损失和交通费补偿获得了 1038 元的偿付，[②] 显然无助于遏制被告动物园继续"店大欺客"，强推其他"技术入园"的成

---

① 参见劳东燕《个人数据的刑法保护模式》，《比较法研究》2020 年第 5 期。

② 《杭州人脸识别案终审：野生动物世界赔偿并删除原告信息》，"人民日报"百家号，2021 年 4 月 9 日，https://baijiahao.baidu.com/s? id = 1696551429380752192&wfr = spider&for = pc。

本节约尝试。赔偿甚微、"搭便车"现象严重，郭兵、劳春燕式的人物恐会越来越少，而技术对人类的钳制也将最终变本加厉。合格的个人信息保护法有责任平衡"技术"与"人类"的利益冲突，而不能仅像一般民事法律那般"就事论事"，仅对"动物园"与"郭兵"作出看似损失和获利相一致、实则遗患无穷的裁判。

2. "风险拘束"取代"目的拘束"

《个人信息保护法》第 6 条要求个人信息处理必须具有"明确、合理的目的"，由此来框定信息处理信息的"最小范围"，一前一后一并构成信息处理的必要和最小化原则，与《民法典》第 1035 条"不得过度处理"的规定相一致。现实中，信息处理主体为了满足合规需求，勤为信息处理活动不断更新细致、无遗漏的用户协议，力求在信息披露方面做到"真实、准确、完整"，但是，如果场景不变，为关联目的进行的重复性告知对信息主体而言便是骚扰而非保护；过于狭隘的信息处理的目的和范围限定，对于企业和平台而言也是毫无必要的负担。长此以往，知情虚化和同意疲劳，必将弱化构建看似合意和充分披露的信息处理合同之"暂时完全性"，背离了个人信息保护法补强和维护信息处理合同的立法初衷。

为了更好地维护合同的长期性，个人信息保护法应以"风险拘束"取代"目的拘束"的方式进行局部重构，这就涉及依照不同场景对信息处理活动的风险予以界分。20 世纪 80 年代，传播学家梅罗维茨（Meyrowitz Joshua）提出了"情境理论（Contingency Theory）"，指出电子传播媒介能够有效重组社会环境、削弱自然和物质场所间原本密切的联系，因此应当将个体行为置于特定的媒介情境中加以理解，并着重关注新旧情境之间的分离与合并。[1] 2004 年，信息科学家尼森鲍姆（Helen Nissenbaum）以"场景—贯性"替代"情境"之表述，发展出了源于社群主义的隐私产权理论，将场景性作为隐私保护的判断基准。传统的场景指向信息传播的社会、政治、经济、文化和教育所塑造的外部环境，不同的场景对应着截然不同的信息传播规则，[2] 个人隐私的侵害源于违反信息

---

① 参见 Meyrowitz Joshua, *No Sense of Place*：*The Impact of Electronic Media on Social Behavior* 1, 1st ed., Oxford U. Press, 1986。

② 参见丁晓东《个人信息权利的反思与重塑——论个人信息保护的适用前提与法益基础》，《中外法学》2020 年第 2 期。

传播规则所造成的场景破坏。① 科技观察家们率先提出了移动互联网领域的"场景五力",将移动设备、社交媒体、大数据、传感器和定位系统也纳入场景的概念涵摄范围。② 欧美发达国家的立法者们空前关注不同场景中的风险认定与评估,将分级化隐私保护内化为人工智能时代信息保护法律的一般性规则。例如,GDPR 第 2 条对个人、家庭、办事机构和公共部门的信息处理行为进行不同的场景界分;第 9 条干脆完全禁止处理敏感信息,仅在涉及社会安全、社会保障和实质性公共利益的场景中留有余地。美国《消费者隐私保护法》(CCPA)在场景分级中走得更远,以专章形式对"以场景为判断准绳"进行了详细规定,"场景自治"被上升至一切信息处理行为的合法前提,若任何变化致使场景的自治性受到干扰,那么信息处理主体必须及时对用户隐私保护进行风险评估,以便采取适当措施消除风险。不过,CCPA 中给出的主要措施,还停留在以加强信息披露的方式赋予用户更多的信息控制权,信息主体只能请求信息处理主体就特定场景中信息处理不恰当之处作出详细的说明与解释,并在此基础上决定是否继续授权,未来立法应在"风险厌恶型"的信息主体也能接受的风险降低机制乃至退出渠道上下功夫。

区分风险场景适用知情同意原则,不仅仅是对目的拘束原则的扩大解释。从非完全契约的视角来看,不同的风险场景"依其位阶衡量轻重"的立法范式,一方面为不同领域信息处理合同的缔约方提供了多样化的选择,另一方面也将动态的风险控制机制贯穿于信息处理合同的生命周期,信息处理目的的适当扩张并不必然导致合同的变更,衡量的终极标准是场景自治性是否被破坏以及是否因此加重了信息主体的风险。最大限度地维护合同内生秩序的关键在于,但凡涉及合同的嗣后更改,身处合同优势方的信息处理主体将承担更大责任,而处于合同劣势方的信息主体将获得更多控制权。"风险拘束"的逻辑前提可以自然推导出信息处理主体的风险管理责任,而监管者的主要职责是监督信息处理主体切实履行这种责任。在风险过于隐蔽的场景中,执法部门、司法机关和行业协会等也必须承担与其宗旨和能力相当的风险管理职责,具体的责任分配需结合未来可能发

---

① Helen Nissenbaum, Privacy as Contextual Integrity, 79 *Washington L. R.*, 2004, p. 119.
② [美] 罗伯特·斯考伯、谢尔·伊斯雷尔:《即将到来的场景时代》,赵乾坤、周宝曜译,北京联合出版公司 2014 年版,第 12 页。

生的场景"一案一议"。实际上，《民法典》第 111 条"确保信息安全"之表述，已经为信息处理主体确立了法定的安全保障义务，该义务贯穿信息处理主体持有他人信息的全过程，映射出"责任和能力相称"的内在经济理性。然而，《民法典》第 111 条的一般性规定过于抽象，缺乏与之衔接的具体制度安排，难以从法条的字面表述演绎出是否履行相关义务的评判标准。如何根据个案情形在法益保护和行为自由之间进行权衡取舍，留待个人信息保护法予以细化。

场景理论切入风险管理责任，可在《个人信息保护法》总则部分予以明确，以风险可控和场景自洽的双重标准取代保障信息安全的低效表述。由于单纯强化信息处理主体的披露义务并不能实质性赋予信息主体更大的控制权，立法者可以借鉴 GDPR 第 35 条的做法，要求信息处理主体在充分考虑信息处理的"性质、范围、语境与目的"后，向监管者提交足以保障信息主体的个人权利与正当利益的风险应对措施与信息保护评估，监管者只需审议信息处理的自评估是否对信息主体充分赋权即可。从非完全契约的角度来看，适格的"场景一贯性"规则应当在肯定信息处理主体从信息处理活动中获得恰当利益的合法性的同时，强调其应履行的责任与获得的收益相匹配，并且为信息主体创设出更多"主动的自由"。唯有如此，个人信息保护法才算得上是较为有效地弥补了信息处理合同履约机制和退出机制的种种局限性，在风险可控的大前提下通过保证合同存续来达成节省交易成本的目的。

3. 柔性规则预防技术颠覆

强制性规范在数量上占优，并不意味着个人信息保护法的所有条款对柔性规则不作提留。"人工智能是影响面广的颠覆性技术，可能带来改变就业结构、冲击法律与社会伦理、侵犯个人隐私、挑战国际关系准则等问题。"[①] 非完全契约理论表明，对于眼前难下定论的问题，不宜作出过于刚性的约定，而应当采取一种开放式的立法范式随时应对技术变革对既有共识的震颤。

例如，对信息的"匿名化""脱敏化""去标识化"处理被视为信息脱离个人属性的灵丹妙药，似乎只要经过一定的流程，任何个人或组织便难以通过倒推的方式，获得信息主体的真实身份。或是基于此种认可，《个人

---

① 周汉华：《网络法治的强度、灰度与维度》，《法制与社会发展》2019 年第 6 期。

信息保护法》第 4 条借鉴经济合作与发展组织《隐私保护与个人数据跨境流动指南》，将"已识别"或"可识别"作为"个人信息"的判断标准，还刻意将"匿名化处理后的信息"排除在外。当代传播学中名噪一时的"马赛克理论（Mosaic Theory）"表明，多组不相关信息的关联或者和合，终究能造成信息的"去马赛克化"。[①] 对个人信息"匿名化""脱敏化""去标识化"处理的本意，是让信息处理主体无法对碎片化的信息进行二次利用，但信息处理能力的指数级提升、平台交互导致信息横向拓展以及对处理对象底层认识的不断刷新，最终将必然突破技术处理手段防倒推的"保护极值"，让信息处理主体有能力还原信息全貌："信息的重要性和价值依赖于对其他相关信息的认知和掌控：某项信息可能对外行人毫无意义，却对内行人意义非凡。"[②] 由此可见，"匿名化处理后的信息"终有一日将同"可识别的自然人有关的各种信息"竞合，《个人信息保护法》第 4 条的僵化规定实属多此一举，极大束缚了未来《个人信息保护法》的柔性适用空间。实际上，《网络安全法》第 76 条早已作出反应，将个人信息定义为"以电子或者其他方式记录的能够单独或者与其他信息结合识别自然人个人身份的各种信息"，《个人信息保护法》也可采纳德国《联邦数据保护法》将个人信息言简意赅地规定为"信息主体的信息"的开放式定义。[③]

又如，随着自动化应用逐渐结构性嵌入社会运营，个人信息处理活动极有可能突破合同的相对性，对合同之外的第三方甚至普罗大众的信息权益造成整体性侵害，这是技术风险显化造成的外部性下沉，亦即风险的不当转嫁。谷歌前内部高层员工撰写的批判性文章《随机鹦鹉之险》一文就曾指出，搜索引擎所利用的大型语言模型，存在极大的信息处理偏误；现有信息来源，几乎完全代表有能力上网的社会优势群体，如果继续放任这些信息对人工智能的训练和改造，将必然加剧算法偏见、歧视以及对少数群体的边缘化。[④] 对公共利益保护的落实，可以以禁止权利滥用原则的形式，加入个人保护法的总则部分。《个人信息保护法》第 2 条简单机械地重复了《民法典》第 1034 条的规定，仅仅明确了自然人的个人信息受法律

① 徐文：《个人推论数据是如何被藏匿的？》，《社会科学》2020 年第 10 期。

② *Marchetti v. United States*，390 U. S. 39（1968）.

③ 参见杨芳《个人信息自决权理论及其检讨——兼论个人信息保护法之保护客体》，《比较法研究》2015 年第 6 期。

④ Timnit Gebru, *On the Dangers of Stochastic Parrots*, 4 *MIT Technology Review*，2020，p. 23.

保护，并且仅规定"任何组织、个人不得侵害自然人的个人信息权益"，可以考虑主动贴近《民法典》第 132 条的原则性规定，禁止任何可能损害国家利益、社会公共利益或者他人合法权益的信息处理活动。

本章小结

自伊斯特布鲁克的踢馆式发言以来，马法之议已经过去了 26 年。不可否认，在这 26 年的监管实践中，从起初世界各国立法者依照主观想象的条款东拼西凑到立法者掌握技术发展趋势后的规则精准制定，个人信息保护法的演进呈现出螺旋式上升的态势。然而，传统的部门法并未随着网络法的蓬勃发展日渐式微，反倒因为新法规则的天马行空和用语含糊在审判实践中"常用常新"。传统部门法的行为规范模式虽有助于对信息处理行为提供明确的合规指引，但信息主体的权益保护范围只能通过相对方的行为界限进行反推，此种法律适用逻辑导致的结果是，信息处理主体将占尽法律明文禁止的非法情形之外的自由空间。在这个意义上，个人信息保护法的重要作用得以显现：一方面为"不得违反法律法规"的事项分场景进行延伸规定，另一方面为"不得违反当事人约定"的事项依情势确立自由边界。网络法非马法的重要证明，即个人信息保护法能在传统部门法之外适度扩张个人信息的保护范围，且在保护水平上加大弹性，为敏感程度不同、风险水平不一的个人信息提供差别化保护，防止信息处理活动落入"强者愈强"丛林法则的俗套。党的二十大报告提出了"提升国家创新体系整体效能"的长远目标，"网格化管理、精细化服务、信息化支撑"呼吁"专业型立法"。① 信息技术在基层治理中的作用不言而喻，个人信息保护法只有能够充分顺应技术发展趋势、坚持公共利益导向、平衡各参与方利益，才能确保"智治为人"，提升良法善治给人民群众带来的幸福感和获得感。

---

① 唐林垚：《超越"马法之议"：非完全合同视角下的个人信息保护法》，《苏州大学学报》（哲学社会科学版）2022 年第 2 期。

分论二

个人信息自决的双重实现路径

第四章 "脱离自动化决策权"的当代实践

　　自动化决策是与自然人决策相对立的概念，根据总论部分对自动化应用的阶段划分，自动化决策可以被定义为利用计算机技术（1980—2000年）、算法程序（2000—2020年）、深度学习或神经网络（2020年以后）替代自然人处理关键信息，借此自动生成对信息主体具有法律效果的决策的行为。GDPR第22条第1款允许信息主体"脱离自动化决策"，国内主流学者将其翻译为"反对自动化决策"①或"不受自动化处理的决定的限制"②，但依照原文"有权不成为自动化决策支配对象（not to be subject to a decision based solely on automated processing）"之表述，将其翻译为"脱离自动化决策"更为妥当。第22条第1款虽然在文义上赋予了信息主体脱离完全依靠自动化处理对其作出的具有法律后果决策的权利，③可是

---

① 腾讯研究院、中国人民大学法学院未来法治研究院《GDPR中文版全文》第22条第1款："数据主体有权反对此类决策：完全依靠自动化处理——包括用户画像——对数据主体做出具有法律影响或类似严重影响的决策。"参见《欧盟首个数据保护条例GDPR明日生效，你可能需要这份中文版的全文》，腾讯研究院网站，https://www.tisi.org/5029，最后访问日期：2020年5月1日。

② 中国政法大学互联网金融法律研究院《GDPR中文版》第22条第1款："数据主体有权利不受一个仅仅依靠包括分析的自动化处理的决定的限制，这会产生关于他/她或仅仅影响他/她的法律后果。"参见《GDPR全文翻译（一）》，博客园网站，https://www.cnblogs.com/ostin/p/9295762.html，最后访问日期：2020年5月6日。

③ 在数据收集、处理、利用的法律关系中，GDPR总共界定了五类利益关涉方，分别是信息主体（生产个人信息的用户、受众或普罗大众等）、信息控制者（决定个人信息收集处理目的和方式的自然人、法人、公共机构、监管部门等）、信息处理者（为信息控制者处理个人信息的实体）、信息接收者和第三方。自动化决策的实现，多数涉及用户侧写，即为了评估数据主体而对其个人信息进行的自动化处理，尤其是为了评估数据主体的工作表现、经济收入、健康状况、个人偏好、兴趣爱好、可靠程度、行为方式和位置行踪等进行的自动化处理。GDPR, Article 4 (1), (4), (7), (8), (9), (10).

具体该如何脱离、能够脱离到何种程度，仅凭第 22 条无从知晓。

我国虽未进行相关法律移植，但在实践中以"行胜于言"的方式，一定程度上实现了上述"脱离自动化决策权"的精神内涵。这种实践跑赢规定制定的现实，向我们展示了三个值得关注的问题：其一，信息主体与自动化决策"脱钩"将寸步难行，即便行使了"脱离自动化决策权"，也不过是对不公正结果的暂时纠偏，不能也不可能完全脱离自动化决策；其二，即便效果有限，"脱离自动化决策权"也是一种值得保护的法律权利，因为无论自动化技术有多么先进，出错在所难免，此时，适当的人工介入乃信息主体脱离自动化决策失误的补救之道；其三，"脱离自动化决策权"是一种颇为特殊的权利，有着不同于一般请求权的行使要件和适用场景。例如，GDPR 第 16 条规定了信息主体的"更正权"，允许信息主体在不违反处理目的的前提下，完善或更正不充分的个人信息。我国《网络安全法》也有类似的规定，且被最新颁布的《民法典》所吸纳，成为人格权编中的重要条款。[①] 对此，需要厘清的是，无论是欧盟还是我国，信息主体行使"更正权"可以更正的对象，只能是个人信息而非信息经自动化处理后产生的决策结果，二者有着指向性的区别。就行权拟取得的法律效果而言，"更正权"甚至算不上最低程度的"脱离自动化决策权"。

在自动化应用结构性嵌入社会运营的大趋势下，"脱离自动化决策权"绝非请求人工介入、修改决策结果这么简单，否则 GDPR 第 22 条大费周章，甚至有些迂回曲折的立法尝试将毫无必要。"脱离自动化决策权"的内涵和外延究竟是什么？与 GDPR 保障信息主体的其他权利有何关联和区别？正确理解"脱离自动化决策权"背后的核心价值与理论基础，将对我国未来人工智能立法带来重要启示。

第一节　从 DPID 到 GDPR：历史沿革与理论争议

"脱离自动化决策权"并非 GDPR 首创，始见于 1995 年 DPID 第 15

---

① 《网络安全法》第 43 条，《民法典》第 1028 条。

条第 1 款："信息主体享有免受基于用户侧写的完全自动化决策的权利（not to be subject to fully automated decisions based on profiling）。"该权利的行使以两个必要条件为前提：（1）自动化决策必须对信息主体造成具有法律后果的重大影响；（2）用户侧写完全由自动化处理实现。

一、DPID 第 15 条的"历史遗留问题"

DPID 是 GDPR 的前身，二者前后间隔 23 年，在此期间，有两个事实需要注意。其一，自动化决策实现了技术层面的飞跃，逐步改变了探讨"脱离自动化决策权"的语境。在制定并推行 DPID 的 20 世纪 90 年代，自动化决策主要指基于数据库编码的计算机自动化，即利用计算机替代自然人实现"唯手熟尔"的重复性基础工作和流程性工作。2000 年之后，基于数据库编码的计算机自动化逐渐让位于基于机器学习的算法自动化，其实质是作为编程理论典范的"透过规则本原寻求逻辑"。大数据加持机器学习模型，在范围不确定的环境中进行规律挖掘或模式识别，替代自然人实现"温故而知新"的基础性预测工作与规范性鉴别工作。GDPR 自 2018 年 5 月开始生效，基于机器学习的算法自动化正逐步向基于神经网络的超级自动化迈进。随着各大平台的开源共享以及机器学习模型的重叠交互，今天的自动化决策已经渐次突破立普斯基所称"自然人可以、机器人不行"的"推理和演绎"的"智能上限"，[1] 其获得识辨特定时期的法律和社会运行宏观规律、以超乎常人的洞察力来提供制度解决方案或进行价值判断的奇点临近。在这个阶段，自动化决策将是"以任何信息技术设备为载体、以持续控制形式干预和引导日常社会互动的高度自主的精细化治理秩序"。[2] 括而言之，虽然用语均是"自动化决策（automated decision）"，但 DPID 的自动化决策概念仅仅涵盖了基于数据库编码的计算机自动化和基于机器学习的算法自动化，而 GDPR 的自动化决策概念囊括了迄今为止所有的自动化类型；这是本章研究"脱离自动化决策权"

---

[1]　参见 M. Lipsky, *Street-Level Bureaucracy*：*Dilemmas of the Individual in Public Service*，Russell Sage Foundation，2010，pp. 1–25。

[2]　John Danaher, The Ethics of Algorithmic Outsourcing in Everyday Life, *Algorithmic Regulation*，Oxford University Express，2019，p. 101.

需要顾及的权利适用范围变化。DPID 和 GDPR "脱离自动化决策权"的微妙差异如图 4-1 所示。

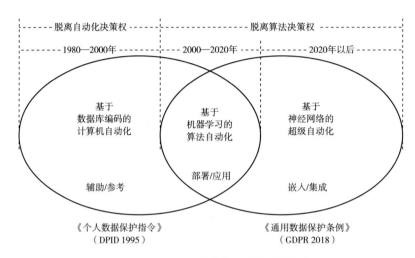

图 4-1　DPID 和 GDPR "脱离自动化决策权"之差异

资料来源：作者绘制。

　　其二，在 DPID 的整个生命周期内，第 15 条几乎完全处于休眠状态，但 GDPR 第 22 条依旧毅然决然地承袭了 DPID 第 15 条的规定，欧盟部长委员会于 2018 年通过的《关于个人信息处理的现代化保护公约》第 9 条也吸收了 DPID 第 15 条的相关规定。① 这或许意味着，在基于机器学习的算法自动化和基于神经网络的超级自动化大行其道的场景中，"脱离自动化决策权"更有适用和推广的必要。此前，"脱离自动化决策权"一直被戏称为 DPID 中的 "二等权利"，因为在欧盟法院和各成员国法院的审判实践中，对抗双方从未就该权利的行使方式和法律效果展开有实质意义的辩论："脱离自动化决策之诉"客观存在，但是双方总是聚焦于有争议的决策是否完全由自动化处理作出。例如，德国联邦法院在 SCHUFA 案中裁定，资信考察系统输出的信用评价不属于 DPID 第 15 条所界定的完全无人工介入的自动化决策范畴，因为银行对其客户的信用评价实由自然人

① Modernised Convention for the Protection of Individuals with Regard to the Processing of Personal Data, Article 9 (1) (a).

在自动化决策的"辅助"下完成;[1] 法国最高法院认为,执法者采取算法自动化系统进行裁决辅助,也不受 DPID 第 15 条的约束。[2] 前欧盟个体保障局在工作报告中指出,DPID 第 15 条不是针对个人信息保护可以推而广之的一般性原则,而是针对特定自动化用户侧写的例外原则。[3] 伴随早期立法尝试的失败而产生的新问题是,GDPR 第 22 条相对于 DPID 第 15 条的修改,能否让"脱离自动化决策权"焕发新的活力呢?

二、规则演进与责任豁免

相较于 DPID 第 15 条,GDPR 第 22 条的进步主要体现在以下三个方面。

其一,GDPR 第 22 条对于特别敏感的个人信息给予了更多关注。第 22 条第 4 款规定,信息主体有权脱离依据涉及种族、民族历史、政治观念、工会、基因、自然人健康和性生活取向等个人信息形成的自动化决策。当且仅当信息控制者取得信息主体的明确同意或为实现公共利益所必需的法定许可时,才能不受干扰地处理此类敏感信息。由此可见,GDPR 在个人信息类型化处理方面,具有比 DPID 更高的"颗粒度"。

其二,GDPR 第 22 条拓展了"脱离自动化决策权"的行权范围,将未成年人的个人信息纳入特别保护对象。GDPR 序言第 38 条指出,对未成年人个人信息的具体保护"尤其应适用于可能供机器学习模型生成用户侧写的信息";序言第 71 条规定,基于用户侧写的自动化决策"不作用于未成年人"。相较之下,DPID 并未就未成年人信息保护作出相关规定,也难从相关条款中推定未成年人是否应当享有"脱离自动化决策权"。对未成年人个人信息予以特殊保护,彰显出法律顺应市场需求与时俱进:随着互联网低龄时代的到来,90 后逐渐成为被舆论抛弃的"后浪",00 后甚至 10 后接过"泛娱乐时代"的大旗称雄网络。研究报告表

[1] Urteil des Ⅵ. Zivilsenats vom 28. 1. 2014‑Ⅵ ZR 156/13.

[2] Cour de Cassation, Chambre criminelle, Audience publique du 24 septembre 1998, No de pourvoi 97‑81.748, Publié au bulletin.

[3] Article 29 Working Party, Transfers of Personal Data to Third Countries: Applying Articles 25 and 26 of the EU Data Protection Directive (WP 12, 24 July 1998).

明，00 后在餐饮、颜值经济等领域已经成为消费主力。① 信息控制者深谙"得 00 后者得天下""营销要从娃娃抓起""先入为主培养消费习惯"的道理，在巨大商业利益的诱惑下，社交媒体、电商平台、视频网站对未成年信息十分重视，竞相获取新生代个体的浏览历史、个人轨迹、消费记录、点赞和收藏列表等——精准针对未成年人的内容推送和价值观引导接踵而至，个中风险不言而喻，法律介入也是无可奈何。

其三，GDPR 第 22 条拓展了"脱离自动化决策权"的适用范围，不再局限于 DPID 第 15 条"用户侧写完全由自动化处理实现"的行权限制。依照 GDPR 第 22 条"有权不成为自动化决策支配对象，包括用户侧写"的表述，② 似乎"自动化决策和用户侧写"共同构成了"脱离自动化决策权"的适用场景。也就是说，自动化决策，无论是否以用户侧写实现，均可以引发信息主体行使"脱离自动化决策权"；反过来，用户侧写，无论最终是否形成自动化决策，也终将受到 GDPR 第 22 条的约束。多名学者对此表达了异议，例如，门德萨和拜格雷夫认为，上述理解方式"违背了第 22 条的基本原理和立法背景，原文中的'包括（including）'应当被解释为'涉及（involving）'"③。可见，现今自动化决策必然涉及用户侧写，因此围绕第 22 条的争议可谓毫无必要。在笔者看来，反对派观点的学者至少犯了两个方面的错误。一方面，未能深入考察自动化决策从最初基于数据库编码的计算机自动化，到近来基于机器学习的算法自动化，再到未来基于神经网络的超级自动化的跃迁过程，理所当然地认为自动化决策就是机器学习模型依照特定算法进行用户侧写形成的决策。实际上，自动化决策若由计算机检索数据库编码作出，则根本不涉及用户侧写的过程；若基于神经网络实现，则只是超级自动化决策的一个环节。另一方面，将 GDPR 第 22 条视为 DPID 第 15 条的单纯延续，未能深究措辞变化背后可能蕴藏的政策转向。概括适用到局部适用的条件变化，使得本来共同构成 DPID 第 15 条必要条件的自动化决策和用户侧写在 GDPR 第 22 条中转变为充分条件。这也从正面证实了 DPID 第 15 条仅允许信息主体

---

① 奥美：《奥美发布 00 后人群研究报告》，《中国连锁》2016 年第 4 期。

② Article 29 Working Party, Guidelines on Automated Individual Decision-Making and Profiling for the Purposes of Regulation 2016/ 679（WP 251rev. 01, 6 February 2018）.

③ I. Mendoza and L. Bygrave, The Right not to be Subject to Automated Decisions Based on Profiling, in T. Synodinou（eds）, *EU Internet Law：Regulation and Enforcement*, Springer 2017.

在基于机器学习模型的算法自动化情形中行使"脱离自动化决策权",而GDPR第22条可以同时适用于基于数据库编码的计算机自动化、基于机器学习的算法自动化乃至基于神经网络的超级自动化的所有情形,权利的适用范围被大大拓宽。

遗憾的是,虽有上述大刀阔斧的修改,但自GDPR生效至今,丝毫未见"脱离自动化决策权"的复苏迹象。作为一项值得被保护的法律权利,为何"脱离自动化决策权"经常被遗忘,极少被行使,几乎与现实相"脱离"?这个问题的答案首先在于GDPR第22条相对于DPID第15条并未发生实质性修改的"适用条件"——信息主体有权请求脱离的,必须是"完全依靠自动化处理"产生的决策,这无疑极大地提高了"脱离自动化决策权"的适用门槛。无论是基于数据库编码的计算机自动化,还是基于机器学习的算法自动化,最低限度的"人工介入"实为不可避免,无论是出于维护机器运转之必须,还是确保信息结构化处理的一致性,抑或确认机器学习模型未脱离"算法代码的缰绳"。针对适用门槛的权威解释长期缺位,进一步加剧了法条本身的模糊性,使得各参与方只能完全依照字面理解来调整自身的行为——既然一点自然人参与的"蛛丝马迹"便能推翻信息主体对GDPR第22条的信赖利益,"脱离自动化决策权"被完全架空的结果并不出人意料。

"脱离自动化决策权"的式微,还源于过于宽松的豁免条件。DPID第15条规定,信息主体主动要求并同意接受自动化决策服务时,将受到类似"禁止反言原则"的约束;在签订合同时,只要信息控制者或处理者采取了"合适的措施"来维护信息主体的"合法权益",那么纯粹自动化决策的效力将"不受挑战"。GDPR实际上扩大了DPID的豁免范围,在第22条第2款中明确规定了"脱离自动化决策权"不适用的三种情形——当事人同意、法律授权以及合同约定。在上述三种豁免情形之外,GDPR第4款额外增加了需要和其他法条相互参照的行权限制条件。第22条第3款虽然对豁免条件进行了适当限缩,要求"信息控制者应当采取充分措施保障信息主体的权利、自由和正当利益,允许信息主体对信息控制者进行人工干涉,以便表达其观点和对决策表达异议的基本权利",但是深究该款措辞不难看出,在豁免情形中,信息控制者依法应当保障信息主体的,只是"信息主体进行人工干涉"而非"信息主体请求信息控制者进行人工干涉"的权利,并且,"信息主体进行人工干涉"是为了"表达其观点和对决策表达异议"，具有"反对权"而非"脱离自动化决策权"的外观。易言之，"脱离自动化决策权"豁免条件生效，只需以对"反对权"的保障为前提，而"反对权"已在 GDPR 第 21 条中得到单独规定："出于公共利益、官方权威、控制者或第三方追求正当利益所进行的信息处理，包括根据相关规定进行的用户侧写，信息主体有权随时反对。"第 22 条第 3 款对第 21 条的简单重复并未实质性提高信息控制者的豁免门槛。

三、"权利"与"禁令"的实质之争

在适用条件苛刻、豁免门槛过低的双重制约下，"脱离自动化决策权"赋予信息主体的权利在法律上并非以"可执行的状态"存在，个人信息保护执法机关在实践中也很难将第 22 条作为切实可行的执法依据。事实上，对 GDPR 第 22 条的内在属性的认识割裂，早已在立法者和执法者之间渐次成形：立法者认为自己为信息主体创设了一种在特定情形中可以行使的权利，但执法者只将其视为针对特定类型自动化决策的禁令。与 GDPR 相对应的《欧盟执法指令》（以下简称 LED）第 11 条针对特殊类型的自动化决策连续使用了三个"禁止"，显然是将 GDPR 第 22 条视为一条禁令，①招来了多数成员国的质疑。从执法者的角度来看，禁令思维确实更易于执法活动的开展，也在表面上维护了 GDPR 与 LED 的和谐统一；但是，此种"为了执行而执行"的粗浅认识罔顾了欧盟立法者在个人信息保护方面的大局观，强行以 LED 第 11 条的规定去统合 GDPR 第 22 条的实现方式反倒会破坏欧盟整体个人信息保护框架的一致性。

在笔者看来，以权利思维而非禁令思维理解 GDPR 第 22 条，至少有三点好处：其一，承认 GDPR 第 22 条为信息主体可以行使的"脱离自动化决策权"同第 22 条的字面表述相吻合，同时也符合立法者以法律规则"钳制"自动化决策过程的主观想象；其二，权利思维契合当下自动化决策被广泛应用于私营和公共部门的现实，对特定类型的自动化决策不宜"一概禁止"而应当考察其应用场景；其三，权利思维更符合辩证法所崇

---

① Law Enforcement Directive, Article 11.

尚的"自然科学观"，即自动化决策完全可以给社会整体带来可观的利益，而非总是因外部性扩散催生社会成本。总而言之，以禁令思维理解GDPR 第 22 条的做法过于简单，这其实也是 LED 其他条款或多或少存在的共性问题，反映出人工智能领域立法者与执法者难以消磨的思维偏差以及由此产生的释法断层——可解释的法律不可执行、可执行的法律不合解释。如何尽可能缩小二者之间的差距，是在规则的应然和实然争辩之外，值得学术界和实务界上下求索的基础问题。

作为一项"披着禁令外衣"的权利，"脱离自动化决策权"本质上是一项请求权，是自动化决策关系中信息主体请求信息控制者"为或不为一定行为的权利"，信息主体不能对自动化决策的权利标的进行直接支配，而只能请求信息主体予以配合。由此引出了本章的关键问题，"脱离自动化决策权"究竟赋予了信息主体哪些请求信息控制者"为什么"与"不为什么"的权利呢？

长期以来，有关 GDPR 第 22 条所界定的权利性质、正当性与适用范围的争论从未停止，由此形成的学说千姿百态，其中存在两种常见的误解。一种误解是将 GDPR 第 22 条视为算法可解释性要求的"圆心"，与 GDPR 中"获解释权"的多个条款互为补强；另一种误解是将"脱离自动化决策权"与"被遗忘权"混为一谈，将信息主体脱离自动化决策的尝试等同于向信息控制者行使擦除个人信息的请求权。在应用层面上，将"脱离自动化决策权"视为信息主体请求"获解释"或者"被遗忘"的权利，具有一定的可操作性，实为将 GDPR 第 22 条作权利解的大前提下，权利思维向禁令思维有限度地靠拢的折中之举。这两种不同的理解进路，正是"脱离自动化决策"被翻译为"反对自动化决策"或"不受自动化处理的决定的限制"的根本原因，也同时反映出各版本译者绝非生硬干涩地对原文进行单纯直译，而是在极高的人工智能法学造诣之上融入了自身对 GDPR 各条款的深入理解，缜密的法律思维可以从别具匠心的意译表达中窥见一斑。那么，"脱离自动化决策权"同"获解释权""被遗忘权"之间的区别是什么？各权利之间的区别是虚是实？从权利思维出发，GDPR 为即将到来的超级自动化时代建立了怎样的制度防火墙？"脱离自动化决策权"在自动化治理中的地位和功用是什么？

第二节　必也正名乎：三权并立的联动体系

本节将从"脱离自动化决策权"同"获解释权"和"被遗忘权"的差异入手，一则反思"脱离自动化决策权"的立法初衷，二则探讨"脱离自动化决策权"的实质内涵。

一、"脱离自动化决策权"非"获解释权"之补强

大数据、云计算和人工智能技术的突飞猛进，"革命性地改变了网络空间内主体的能力差异和关系结构"，[1] 传统的法律制度难以应对技术黑箱掩映之下受众操控、信息寻租和监管套利的三重失控，对算法可解释性的合规要求应运而生。虽有学者反复指出，旨在提升算法透明度的硬性规定"既不可行，也无必要"，[2] 但在漫长的监管实践中，算法可解释性的合规要求还是成为世界各国人工智能法律法规的核心要旨，[3] 即便是那些高度依赖事后问责机制的国家，[4] 也不否认算法可解释性实乃明确自动化决策主体性、因果性和相关性以确定和分配算法责任的重要前提。[5] 究其根源，在公众问责空前加强的年代，任何新技术的批量部署都必然被置于传媒与社会持续性互动的场域之中，以逐渐打消公众质疑、充分回应社情民意以及成功取得多数人同意为其合法性基础。

令人感到疑惑的是，在制定过程中反复强调算法可解释性有多么重要的 GDPR，只在第 5 条第 1 款笼统地要求对涉及信息主体的个人信息，应以"合法、合理、透明的方式"进行处理。显然，公开透明的信息处理

---

[1]　陈璞：《论网络法权构建中的主体性原则》，《中国法学》2018 年第 3 期。

[2]　沈伟伟：《算法透明原则的迷思——算法规制理论的批判》，《环球法律评论》2019 年第 6 期。

[3]　参见丁晓东《算法与歧视：从美国教育平权案看算法伦理与法律解释》，《中外法学》2017 年第 6 期。

[4]　例如，美国《算法问责法案》第 3 部分、法国《信息和自由法》第 82 条、印度《个人信息保护法案》第 34 条、新加坡《防止网络虚假信息和网络操纵法案》第 32 条等均规定了信息控制者的"记录义务"，以确保对算法决策中责任主体链条的追踪识别。

[5]　参见 Frank Pasquale, *The Black Box Society*, Harvard University Press, 2015, pp. 1–16。

方式并不足以确保算法可解释性，顶多被视为算法可解释性众多构成要件中不可或缺的一环。实践中，人们不得不结合 GDPR 的序言，为算法可解释性要求寻找依据。GDPR 序言第 71 条指出，接受算法自动化决策的信息主体应当享有"适当的保护"，因为潜在的机器错误和个人信息歧视极有可能给整个社会带来"偏见和不公"。第 71 条随即将"适当的保护"分为三类，一是获得人类干预的权利，二是表达异议和质疑的权利，三是获取相关决策解释的权利。就此而论，GDPR 是从信息主体"获解释权"的进路出发，来反向构建算法可解释性的合规要求。① 佐证这一现实的依据是，GDPR 第 13 条、第 14 条、第 15 条分别规定了直接从信息主体获得个人信息、间接从信息主体获得个人信息以及因各类原因访问个人信息的信息控制者向信息主体履行详细信息披露义务以及就特定事项进行进一步解释说明的义务，尤其是"决策过程所涉及的逻辑程序及其对信息主体的重要意义和可能影响"。

但是，从 GDPR 第 13 条至第 15 条引申出来的"获解释权"完全局限于个人信息的收集和处理阶段，如此"事前解释"只能肤浅地让信息主体得知自己个人信息的处理概况和潜在影响，并不能让信息主体真正知晓最终形成的自动化决策与其当下际遇之间的因果关联。很明显，处于信息极度弱势地位的信息主体，主动行使"获解释权"的理想预期，是要获得其在承受自动化决策阶段的事中和事后解释，而 GDPR 对此语焉不详。在这样的背景下，部分学者将 GDPR 第 22 条视为同第 13 条至第 15 条的衔接，补足了事中和事后"获解释权"的法律真空。②

诚然，GDPR 字面规定的"获解释权"确实存在事前、事中和事后脱节，导致权利难以覆盖自动化决策全过程的问题，但是，衔接断裂的问题完全可以通过直接补充规定的方式予以修复，实在没有必要在距离第 13 条至第 15 条"至少 7 条开外的"第 22 条中以如此晦涩、隐蔽的方式对事中和事后的"获解释权"进行界定。欧盟立法者之所以不在 GDPR 中建立完整的"获解释权"链条，极有可能源于两个层面的思考和顾虑。其一，批评

① Lilian Edwards & Michael Veale, Slave to the Algorithm？Why a "Right to an Explanation" is Probably not the Remedy You are Looking for, 16 *Duke Law & Technology Review*, 2017, p. 18.

② 参见 Bryan Casey, Ashkon Farhangi, and Roland Vogl, Rethinking Explainable Machines：The GDPR's "Right to Explanation" Debate and the Rise of Algorithmic Audits in Enterprise, 34 *Berkeley Technology Law Journal* 1, 2018, pp. 145−187。

者们看到的是一个设定一项"获解释权"就可以让自动化决策可解释的世界，而这种理想愿景同当今技术运作的现实情况存在巨大鸿沟。尤其是在事中和事后阶段，随着机器学习模型的日益复杂、卷积神经网络的广泛适用、个人信息收集源头的交汇重叠，要真正就自动化决策的运作原理与裁判机制作出详细且外行人也能理解的解释，可谓难上加难。① 事前的各类解释或许有助于信息主体作出是否同意自动化决策的判断，但考虑到人工智能是以技术手段对自然人的深度仿生，以预期效果为导向的事中和事后的因果关联尝试极易将物质表象的经验规律同内在直觉的感性判断混淆起来，最终只能得到故弄玄虚、毫无根据的假设而非解释。其二，算法可解释性的合规要求，必然伴随相当可观的合规成本。"获解释权"的规定越是完整无遗漏，身处信息弱势地位的信息主体前期缔约和谈判的成本就越低，但因此增加的其他成本则完全由信息控制者或处理者概括承受。长期以来，对于此类成本转嫁是否合理的争论从未平息。一方面，正如上文所指出的那样，信息控制者针对自动化决策进行的事中和事后解释极有可能属于徒劳无功的解释，经常是"解释了也是白解释"；另一方面，完整意义上的"获解释权"至少在一定程度上有助于消弭算法歧视、减少信息控制者和信息主体之间的信息不对称。对于此类"似有似无"的法律规则，现代法经济学给我们的教义是：应当衡量法律实施的成本与潜在社会收益之间孰轻孰重，即那些"看似公平的原则"是否同时也是那些"符合效率的原则"。② 在全球人工智能"逐上竞争"白热化的阶段，说服各国政府和跨国大型公司建立事前、事中和事后的"获解释权"闭环实属痴人说梦。

二、"脱离自动化决策权"不与"被遗忘权"混同

在"脱离自动化决策权"难同"获解释权"等量齐观的情况下，另有一些学者试图将 GDPR 第 22 条视为"被遗忘权"相关条款的延伸乃至重复，③ 因为在历史上，"被遗忘权"的创设同"脱离自动化决策权"的发展有着千丝万缕的联系。

在 2010 年 *Google Spain v. Costeja Gonzalez* 案中，原告要求被告谷歌公

---

① 参见刘洪华《论人工智能的法律地位》，《政治与法律》2019 年第 1 期。
② ［美］理查德·A. 波斯纳：《正义/司法的经济学》，苏力译，中国政法大学出版社 2002 年版，第 6 页。
③ R. Jeffrey, The Right to be Forgotten, 64 *Stanford Law Review*, 2012, p. 88.

司删除 12 年前因为房屋网络拍卖而在搜索引擎中陈列的、已经过时的个人信息。欧盟法院在裁判时,从 DPID 中推导出了信息主体应当享有的"被遗忘权",依据是第 6 条"个人信息的处理应当适当、相关、同被处理(以及进一步处理)的目的吻合,在必要时进行更新以保证准确性"以及第 12 条允许信息主体"更正、擦除以及屏蔽不符合 DPID 所规定的处理的个人信息"。[①] 2013 年欧盟《信息安全技术公共及商用服务信息系统个人信息保护指南》吸收了欧盟法院的判决和 DPID 的前述规定,直截了当地建议:"当信息主体有正当理由要求删除其个人信息时,应及时删除个人信息。" GDPR 第 17 条对"被遗忘权"进行了直接规定:"信息主体有权要求信息控制者擦除关于其个人信息的权利。"

"被遗忘权"与"脱离自动化决策权"的混同,源于谷歌案引发的有关搜索引擎性质的争议。一方认为,搜索引擎只是各类信息的媒介,而非严格意义上的信息控制者或者处理者,一如谷歌的首席法律顾问沃克在接受《纽约客》采访时所言:"我们不创造信息,只是让信息变得可访问。"[②] 另一方则针锋相对地指出,搜索引擎在信息处理方面并非全然被动,结果的呈现方式与先后次序,就是搜索引擎处理杂乱无章的信息后形成的自动化决策。[③] 从搜索引擎公司"竞价排名"的常见盈利手段来看,[④]显然后者的观点更有说服力。将搜索引擎确认为信息控制者,可以推导出一个能够达成共识的认知,即谷歌案中原告向谷歌公司行使"被遗忘权",是希望谷歌公司能够对特定搜索结果进行人工干预,实现"脱离自动化决策权"的行权效果。应原告诉求进行人工干预的结果并非真正让原告在网络世界中"被遗忘",而是让谷歌的搜索界面不再将原告已经过时的信息纳入排序算法,也就是说,作为信息主体的原告行使"被遗忘权"拟达到的效果实际上是脱离搜索引擎的自动化决策。此种做法自欺欺人的地方体现在,搜索引擎没有办法也没有权利真正删除所有包含信息主体希望被遗忘信息的页面,而只能将这些页面在搜索结果中"隐去",

---

① Directive on The Protection of Individuals with Regard to the Processing of Personal Data and on the Free Movement of Such Data, Article 6 (c), 12 (b).

② T. Jeffrey, "The Solace of Oblivion," Sep 29 *New Yorker* (2014).

③ *Google Spain SL, Google Inc v. Agencia Espanola de Proteccion de Datos es Mario Costeja Gonzalez*, Case C-131/12.

④ 参见陶乾《论竞价排名服务提供者注意义务的边界》,《法学杂志》2020 年第 5 期。

如果在地址栏中输入这些页面的网址，仍将能够打开这些页面。需要注意的是，有不少热门网站专门记录谷歌删除或移除掉的链接，例如 Hidden From Google、Wikimedia 和 Reddit 等，使得希冀行使"被遗忘权"的信息主体常常陷入"越描越黑""抽刀断水水更流"的境地，即使脱离得了搜索引擎的自动化决策也脱离不了"好事者竞趋焉"的无事生非。在这个意义上，"脱离自动化决策权"似乎是行使"被遗忘权"的主要手段，也是行使"被遗忘权"能够实现的最低目的，部分学者将 GDPR 第 22 条视为对第 17 条"有益而有必要的重申"就不足为奇了。

但是，"被遗忘权"并不能在所有情形中都等同于"脱离自动化决策权"。只需在谷歌案的基础上稍微做一点延伸，就能理解"被遗忘权"的独特之处。原告向谷歌公司行使"被遗忘权"，最终只能达至"脱离自动化决策权"的效果，这是由搜索引擎的特殊性质决定的。如果希望达到被彻底遗忘的效果，原告应该一一向刊登原告个人信息的页面所有者行使"被遗忘权"。这些被搜索引擎直接抓取的页面，是纯粹的信息刊载或转载方，几乎不涉及自动化决策，只需简单地从服务器中删除页面，即可履行信息主体的被遗忘请求；这个过程虽然也涉及人工干预，但同行使"脱离自动化决策权"有着天壤之别，是将删除内容、移除链接作为权利行使的主要法律后果。[①] 实际上，搜索引擎要想完全履行信息主体的被遗忘请求，除了以人工干预的方式将信息主体从自动化决策中剔除出去之外，还需要在其服务器中一一手动删除相关页面的快照，且删除过程的工作量甚至不低于"脱离"过程的工作量。在上述认知的基础上，还要强行将"被遗忘权"与"脱离自动化决策权"混同，就显得不合时宜了。

三、GDPR 权利体系重构：回归序言第 71 条

归根结底，"获解释权"和"被遗忘权"各自具备深刻的内涵和外延，是与"脱离自动化决策权"截然不同的两种权利。然而，行使这两种权利确实在一定程度上也能让信息主体"脱离自动化决策"，由此引发的问题是，"获解释权"和"被遗忘权"是否可以被反向视为"脱离自动化决策权"的被动权能和主动权能？易言之，GDPR 第 13 条至第 15

---

① 参见李爱君《数据权利属性与法律特征》，《东方法学》2018 年第 3 期。

条以及第 17 条，是不是第 22 条的两种不同的行权方式？答案是否定的。

1. "获解释权"的补强条款：GDPR 第 35 条

首先来看为什么"获解释权"并非"脱离自动化决策权"的被动权能。理论上，火力全开的"获解释权"，确能为"脱离自动化决策"结果的实现提供较强助力，因为只要信息控制者或处理者不能向信息主体提供合乎情理的行为解释，那么个人信息收集和处理将失去正当和合法性——作为程序运行"燃料"的大数据一旦断供，自动化决策将不复存在，信息主体便自然实现"脱离"。但正如本章第一节指出的那样，GDPR 第 13 条至第 15 条只规定了信息主体的事前"获解释权"，信息主体在行使这种权利的时候自动化决策尚未发生，自然也就没有"脱离自动化决策"可言；同时，出于对效用的追求，欧盟立法者具有维持弱式"获解释权"的激励，不会贸然赋予信息主体全过程链的"获解释权"。

在第 13 条至第 15 条规则圆满性难以为继的情况下，毋宁以 GDPR 第 35 条信息控制者和处理者的"个人信息影响评估义务"为其事中和事后补强：当用户侧写可能对信息主体的权利和自由带来高风险时，信息控制者或处理者必须在"充分考虑信息处理性质、范围、语境和目的的基础上"，评估自动化决策将对个人信息保护造成的影响。第 35 条对事中和事后算法可解释性要求的补充体现在三个方面。其一，个人信息影响评估要求对信息处理的可能操作和计划目的进行系统性描述，形成文字的系统性描述以信息控制者所追求的正当利益为主要内容。其二，信息控制者必须对个人信息的收集和处理的必要性与相称性进行阐述，即用户侧写应以信息控制者的正当利益为限，未经信息主体同意不得牺牲其权利。其三，当信息主体的正当权利和信息控制者的正当利益存在此消彼长的张力时，信息控制者必须在个人信息保护影响评估中表明可以采取的应急性风险应对措施，包括但不限于 GDPR 已经规定的法律保障、安全措施和激励机制。从条文结合可以产生的效果来看，第 13 条至第 15 条主要是要求信息控制者和处理者就事前信息挖掘的来源、典型特征和分类办法以及算法程序的运作机理、代码逻辑和预期效果进行事前解释，第 35 条则是要求其就事中的系统偏差、运行故障和矫正机制予以说明，这实际上只是最低限度地实现了算法可解释性的显化，并且由于事后解释的要求仍然孱弱，信息主体行使"获解释权"最多只能得到一个看似将人工智能载体的硬件、软件和信息处理之间的相互作用如何导致自动化决策之间因果关系阐明的解释。[①] 如果心怀善意，信息控制者或处理者给出的是"自以为正确的解释"；如果别有用心，解释和说理的方式将完全取决于拟实现的经济或政治目标。在这个意义上，GDPR 第 13 条至第 15 条与第 35 条的结合，勉强构建了多重弱化但相对全面的"获解释权"。

2."被遗忘权"的上位条款：GDPR 第 21 条

上文指出，"脱离自动化决策权"不是"被遗忘权"的行权方式，因为"被遗忘权"在人工干预之外，还包含了信息控制者删除原始页面、擦除特定内容以及移除相关链接的责任规定；更重要的是，"被遗忘权"的行使，不以自动化决策存在为前提。但是，在自动化决策已经进行的情况下，"被遗忘权"是不是"脱离自动化决策权"的主动权能呢？这一点将更难证否，因为信息主体"脱离自动化决策"意味着个人信息至少在处理的某个环节得以"擦除"。

要彻底回答上述问题，我们必须换个角度进行梳理："被遗忘权"同"获解释权"一样，是一种独立的权利，二者均在 GDPR 正文中进行了专门规定；略显突兀的是，为何"被遗忘权"没能像"获解释权"一样，位列序言第 71 条所规定的信息主体应当受到保障的三种基本权利——获得人类干预的权利、表达异议和质疑的权利、获取相关决策解释的权利——之中呢？这也牵扯到另一个问题，如果 GDPR 第 17 条不是第 22 条的行权方式，那么是否存在另一条款作为第 17 条的上位条款呢？"被遗忘权"是一种请求权，既可作为单独权利，也可作为实体权利的内容，但不能脱离基础权利而存在。在笔者看来，"被遗忘权"的权利基础，是 GDPR 第 21 条所规定的"反对权"。从立法技术来看，如果第 21 条只是赋予信息主体"反对"信息处理或用户侧写的权利，而不辅之以必要的反对措施的话，所谓的"反对"只能是纸上谈兵。将第 17 条与第 21 条结合，不难看出，行使"被遗忘权"是信息主体反对信息处理或用户侧写的有力手段。质言之，以"被遗忘权"为手段和目的，"反对权"才有用武之地。如此，"被遗忘权"方能同 GDPR 序言第 71 条中规定的三种基本权利之一——表达异议和质疑的权利相吻合。

GDPR 第 17 条是第 21 条行权方式的最直接证明，莫过于两个条款

---

① 参见马颜昕《自动化行政方式下的行政处罚：挑战与回应》，《政治与法律》2020 年第 4 期。

在文义和结构上的重复。第17条第1款列举了可以行使"被遗忘权"的六种情形：①个人信息对于实现其被收集或处理的相关目的不再必要；②信息主体撤回此前同意；③出于公共利益或基于官方权威进行的信息收集和处理的压倒性原因不复存在；④存在非法处理个人信息的行为；⑤信息控制者需要履行特定法律责任；⑥收集的社会服务相关信息中包含不满16周岁未成年人的个人信息。与之相对应的是，第21条的六个主要条款，几乎完全是对第17条第1款中六种情形的机械重复，即信息主体可以反对信息处理和用户侧写的六种情形。虽然，第21条还略微增加了用户有权反对以营销为目的的用户侧写，以及反对用于科学发明、历史研究、统计回归目的的却不必要于公共利益的信息处理，但这两种情形又同第17条第3款所规定的情形竞合。总之，GDPR序言第71条中信息主体"表达异议和质疑的权利"对应的是GDPR正文第21条所规定的"反对权"，而"反对权"则是经由第17条所规定的"被遗忘权"予以实现的。

3. 从"不是"到"是"：揭开"脱离自动化决策权"面纱

至此，"获解释权"和"被遗忘权"已经同GDPR序言第71条的两种基本权利归整对应，序言第71条余下的"获得人类干预的权利"就成为理解"脱离自动化决策权"的关键所在。"获解释权"和"被遗忘权"都需要不同程度的"人工介入"，前者是人工对自动化决策予以合理解释，后者是人工对过时或错误信息进行清理，但"人工介入"与"人类干预"在程度和性质上都存在诸多不同。结合三种权利之间的显著差别，笔者认为，"脱离自动化决策权"是信息主体请求信息控制者对不公正的自动化决策结果进行人工干预的权利，人工干预的目的是让信息主体脱离自动化决策"错上加错"的恶性循环。

在上述定义的基础上，还需从以下三个方面来精确界定"脱离自动化决策权"。其一，"脱离自动化决策权"要求比"获解释权"和"被遗忘权"更高的人工介入程度，以干预不公正的自动化决策为根本目的。从指向性来看，"获解释权"和"被遗忘权"面向过程，而"脱离自动化决策权"面向结果，这也从侧面证明了为何针对算法透明度的"事后解释"在GDPR中几乎暂付阙如。其二，"获解释权"、"被遗忘权"和"脱离自动化决策权"共同构成了信息主体在自动化决策的各个环节寻求保护的手段，三者之间存在层层递进的行权诉求：当信息主体对自动化决策存有异议时（一般是在事前），可以行使"获解释权"要求合理解释；在自动化决策过程中（事中），信息主体可以行使"被遗忘权"，请求删除不准确的个人信息；当不公正的决策结果产生外部性时（事后），信息主体方才行使"脱离自动化决策权"，消弭自动化决策的负面影响。其三，GDPR 第 25 条规定了信息作业的基本原则——影响最小化原则和目的适当性原则，要求个人信息始终保持"精简和锁定"的被动状态。在这两个原则的约束下，GDPR 第 22 条应结合第 25 条要求信息控制者在信息处理过程中"整合必要的保障措施，以符合 GDPR 要求保护信息主体的权利"的规定进行理解，即保障信息主体能够行使"脱离自动化决策权"是自动化决策程序设计之初，信息控制者必须充分考虑并预留相应安排的基础工作。

综上所述，以序言第 71 条为核心展开，GDPR 并非以单一、个别权利为依托，而是齐头并进构建了充分保障信息主体利益的三权并立的联动体系，贯穿自动化决策的事前、事中和事后全流程，实现了信息把控和程序治理的系统联结。以本章思路重新解读 GDPR，得到的三权联动体系与条文组合机理如表 4-1 所示。

表 4-1　GDPR 三权联动体系与条文组合机理

基本权利	主要条款	补强条款行权方式	权利内容	主要阶段	行权诉求程度	原则体现
获得人类干预的权利	第 22 条	第 25 条	请求实质性人类干预，让数据主体能够脱离自动化决策失误的多米诺效应	事后	高（为脱离而行权）	人类自主性原则、目的限制原则
表达异议和质疑的权利	第 21 条	第 17 条	对自动化决策表达反对或质疑，并请求擦除错误的个人数据、移除过时的链接	事中	中（为纠正而行权）	数据最小化原则
获取相关解释的权利	第 13 条至第 15 条	第 35 条	请求数据控制者对自动化决策相关信息进行详细说明、对潜在危害进行信息披露	事前	低（为知晓而行权）	合法性、合理性和透明性原则

资料来源：作者绘制。

第三节 破除权利虚置：去场景化适用 与法益衡量

信息主体主动"置身事外"的权利设计并不意味着对自动化决策的立场中立，恰是在技术发展势不可挡的滚滚洪流中以退为进、以静制动的高阶智慧。到目前为止，我们只是将"脱离自动化决策权"作为一种应然权利进行探讨，明确其内涵并没有能够解决"脱离自动化决策权"长期难以实施的窘境。本章第一节指出，造成"脱离自动化决策权"长期尘封阁置的状况，主要源于相关法条的适用门槛过高而豁免门槛过低。解决的方案是从权利的行使要件入手，反其道而行之，向上回溯不同的应用场景探讨"脱离自动化决策权"的内涵和外延，向下检视切实可行的制度框架和行权途径，为"脱离自动化决策权"的适用奠定良好的制度基础。

一、去场景化适用：破除传统人工智能二分法

一直以来，人工智能系统被人为划分为"智能系统"（Automatic System，狭义的人工智能）和"辅助系统"（Augmentation System，广义的人工智能），二者的差别在于关涉信息主体切身利益的决策，是完全由自动化处理作出的还是由自然人在自动化系统的辅助下作出的。DPID 第 15 条与 GDPR 第 22 条显然认可了上述二分法，不仅不对"辅助系统"生成的自动化决策予以限制，还一度将任何程度的人工介入都视为决策非纯粹自动化处理的证据，使得基于数据库编码的计算机自动化和基于机器学习的算法自动化被一揽子归于"辅助系统"的范畴，而必然属于"智能系统"的基于神经网络的超级自动化在短期内尚难以普及，"脱离自动化决策权"便沦为了一项"只有在未来可以行使的权利"。

对"辅助系统"的自动化决策网开一面，并非欧盟专有。2016 年，美国威斯康星州最高法院在 *State v. Loomis* 案中认可了法官借助辅助系统

进行量刑裁判的合理性与正当性，[1] 长期引领工会斗争之风的威斯康星州的这一举动，旋即激发了学界对公共治理领域自动化决策滥用的担忧。连法官司法量刑裁判都可以借用辅助系统完成，人工智能技术的应用是否还存在边界？大量的研究表明，自然人极易对机器产生过度依赖，并"沉醉其中"；"辅助系统"会降低自然人的职业警惕，直至其"彻底丧失批判性分析的能力"。[2] 更极端的情况是，为了减少自身的思考与付出，自然人决策会自然而然地倾向于同自动化决策保持一致，原本正确的判断最终被计算机扭转，导致失误叠加的"自反性悖论"。例如，算法工具根据人群聚集密度和高危人员流动轨迹推算出某一区域可能存在大量的无症状感染者，从而提醒自然人监管者对该区域进行更高频次的核酸检测；高频次的主动检测必然会"揪出"更多的感染者，又将反向刺激公共卫生部门对该区域施行更高强度的算法监管。在这个过程中，辅助系统可能存在的判断谬误给自然人监管者戴上了"有色眼镜"，裹挟其对特定区域进行"有罪推定式调查"。

为"辅助系统"辩解的学者指出，自动化系统虽远非尽善尽美，但在多数领域出错的概率远低于自然人。即便该观点得到了实证研究的支持，万无一失的自动化系统受制于自然人禀赋的情况在现实中也屡见不鲜。以当下基于机器学习的算法自动化为例，机器学习模型定然具有指数级优于自然人的算力，但由于大数据的结构化处理难以自动完成，信息处理环节的人力资源上限就成为阻碍机器学习模型发挥实力的瓶颈。在自动化决策环节，自然人与生俱来的情感偏见和价值负载，经常成为机器决策的拖累，这点在业务审计、欺诈防范、暴力冲突避免等"辅助系统"的应用场景中已经得到反复证实。[3] 由此可见，恰是自然人介入才使得部分原本可能滴水不漏的自动化系统纰漏频出，就此而论，"脱离自动化决策权"的无差别适用只会更有必要，而不是相反。

在广泛的质疑声中，欧盟个人信息保护工作组发布了《为实现监管目的的个人自动化决策指南》，要求利用"辅助系统"的自然人必须"有

---

① *State v. Loomis*，WI 68 S（2016）.

② F. Pasquale，Secret Algorithms Threaten the Rule of Law，*MIT Technology Review*，2017，p. 1023.

③ J. Montier，*Behavioral Investing：A Practitioners Guide to Applying Behavioral Finance*，John Wiley & Sons，2009，pp. 1-6.

权利和有能力质疑自动化决策且经常表达对自动化决策的异议"。① 在笔者看来,强行提升自然人参与程度的"漏洞填补"方式过于理想化,不具备可操作性。一方面,鉴于自然人所固有的"工具控"本性,自动化决策过程中的自然人介入,哪怕是充分、饱和式介入,也难以真正对自动化决策形成有效钳制;另一方面,自动化决策失灵的后果固然耸人听闻,但部分失误恰是由于自然人的不当介入而产生,所谓"经常表达异议"要么在日复一日的重复决策场中流于形式,要么将进一步扰乱自动化决策的应用规划,造成适得其反的效果。考虑到披着"辅助系统"外衣的自动化决策应用已经结构性嵌入社会运营的各个方面,信息主体"脱离自动化决策权"不应再以自动化决策完全由机器作出为行权前提。也就是说,没有必要再对"脱离自动化决策权"进行基于数据库编码的计算机自动化、基于机器学习的算法自动化和基于神经网络的超级自动化的场景划分。不过,权利的实际意涵还是应当根据行权效果进行区辨:信息主体行使"脱离自动化决策权",在计算机自动化场景为脱离信息采集,在算法自动化场景为脱离用户侧写,在超级自动化场景为脱离平台交互。三种场景的共同点是,一旦进入"脱离自动化决策"的过程,较高程度的人类干预将"覆盖"或者"附议"已经作出的自动化决策。

二、有限豁免:自甘风险让位于社会责任

审视"脱离自动化决策权"的豁免条件设计,无论是 DPID 第 15 条,还是 GDPR 第 22 条,均采用了类似早期美国产品责任领域"明示的自甘风险"的免责进路,将合同约定、当事人同意和特定法定事由作为受侵害方的行权阻却事由,其理论依据是法经济学家科斯在《社会成本问题》一文中有关权利的安排和界定必然影响经济资源配置的论述。科斯指出,经济的外部性或不效率可以通过当事人的谈判得以纠正,从而实现社会效用的最大化。本来,美国的产品生产者受制于 1916 年联邦法院以长臂规则取代当事人原则判例的束缚,不仅要对与之具有直接合同关系的经销商负责,还要对任何因其产品缺陷受到伤害的消费者(及其家庭成员)和

① Article 29 Data Protection Working Party, Guidelines on Automated Individual Decision-Making and Profiling for the Purposes of Regulation 2016/679, February 6, 2018.

旁观者负责。[①] 为了规避责任，生产者刻意将自己列为产品销售合同或用户协议的相对方，并就特定产品瑕疵和潜在风险以条款约定的方式免除自身责任。一旦消费者因产品瑕疵受到损害将生产者告上法庭，生产者可以立即以"消费者知情同意"或"合同约定"主张消费者自甘风险。在近代法经济学理论的影响下，美国法院一开始近乎盲目地认可了当事人之间"明示自甘风险"约定的效力，[②] 甚至不在意当事人的约定是否违背了强行法的规定。[③]

"明示的自甘风险"将"受益方对亏损方的合理补偿"作为优于"最大多数人的最大幸福"的法益，在特定的历史时期具有合理性。但在人工智能时代，这种抑"帕累托最优"、扬"卡尔多—希克斯效率"的做法是十分危险的，因为历史经验表明，技术进步从未促进社会福利的雨露均沾，而是屡屡架空权力专属原则和正当程序原则，轮番算计普罗大众以最大限度实现监管套利。技术黑箱配合"用户知情同意"，为信息控制者为所欲为大开方便之门，因特定理由收集的多渠道信息极有可能被别出心裁地用于不可告人的目的。技术成为少数人牟取暴利的工具，而多数人无力反抗。一言以蔽之，知情同意原则"与人们的风险认知、数据利用的客观规律存在矛盾与冲突"。[④] 更何况，"获解释权""被遗忘权""脱离自动化决策权"之间本存在"层层递进的行权诉求"，以合同约定和当事人同意为"脱离自动化决策权"的豁免事由，无异于直接剥夺了本就身处信息弱势地位的信息主体最有力的救济手段，彻底让信息主体与自动化世界的每一次联结都变为"自甘风险"。信息主体对合同和协议的"不感冒"早已成为业内心照不宣的秘密——关涉自身重大利益的条款，信息主体未必看，看了未必懂，懂了也未必有能力进行反驳，部分自动化决策

---

① *MacPherson* v. *Buick Motor Co.*，217 N. Y. 382，111 N. E. 1050（1916）.

② 例如，*Get off* v. *Von Lengerke Buick Co.*，14 N. J. Misc. 750，187 Atl. 539（Sup. Ct. 1936），法院认可了销售合同中禁止消费者就庞蒂克汽车缺陷提起诉讼的约定；*Sonnenberg* v. *Nolan Motors*，*Inc.*，2 Misc. 2d 185，36 N. Y. S. 2d 549（Sup. Ct. 1942），法院支持了道奇汽车销售合同中买方放弃纽约州立法律中所有默示保证的条款。

③ 例如，*Dutsu Ford Motor Co.* v. *Cullum*，96 F. 2d 1（5th Cir. 1938），cert. denied，301 U. S. 627（1938），法院支持了福特公司在销售合同中将经销商的质保责任限定于更换零件并禁止消费者解除合同的做法，尽管彼时的《统一销售法》允许消费者就重大缺陷解除销售合同。

④ 姚佳：《知情同意原则抑或信赖授权原则——兼论数字时代的信用重建》，《暨南学报》（哲学社会科学版）2020 年第 2 期。

服务动辄对应着成百上千页的《用户须知》，某些银行的人工智能投资顾问服务甚至要求客户对着屏幕朗读经过巧妙包装的特定免责条款并对客户进行录像。

实际上，从 20 世纪 60 年代开始，美国法院就已经开始对产品责任领域"明示的自甘风险"实践进行纠偏。随着风起云涌的民权运动，美国产品责任法从疏忽责任和担保责任逐渐转变为严格责任,[①] 以无过错责任的追责框架将产品产销各个环节的相关人员都纳入其中，自甘风险规则只在破除产品严格责任的极少例外情形中得以适用。本质上，自动化决策可以被看作信息控制者向信息主体提供的一种服务，是聚合信息的一方通过人力、物力、资源和环境所组成的结构系统来销售和实际生产及交付的、能被提供信息的另一方购买和实际接收或消费的产品，是以非实物形式存在的劳动成果。问题是，若不加区辨地对此类特殊产品或服务的生产者，即信息控制者或处理者，套上严格责任的枷锁，将必然阻碍科技创新的步伐。数据是现今最重要的生产要素已经成为世界共识，各国为争夺人工智能技术制高点可谓不遗余力，不宜将过高的履责成本强加于肩负更高使命的科技类企业。相比起成本过高的严格责任，过错责任能够更好地平衡个体保护和科技创新的利益冲突——在避免责任缺位的同时鼓励技术发展。[②] 笔者认为，衡量信息控制者有无过错的审查标准有二。其一，信息控制者是否通过持续的信息披露反复对信息主体作出了真实、准确、完整的"风险提示"；信息控制者在信息披露中应对自动化决策可能对信息主体造成的潜在伤害列出清单，对于清单之外的妨害行为不得以自甘风险为由阻却信息主体行使"脱离自动化决策权"。其二，信息的采集和处理是否被用于经过信息主体同意的正当、唯一目的。为使判定标准进一步明晰，还应当通过专门立法的方式，构建企业信息利用与分享准则，对相对敏感的隐私信息采取加密储存、吞吐限制、访问分级等安全措施；违背相关规定的信息使用行为，将不得享有"脱离自动化决策权"的豁免。

同样有必要关注的是，近年来，公共卫生突发事件频发，以行政手段促进"社会共律"对社会个体普遍自律不足的必要补充无可厚非，但要

① 参见张骐《在效益与权利之间——美国产品责任法的理论基础》，《中国法学》1997 年第 6 期。
② 高丝敏：《智能投资顾问模式中的主体识别和义务设定》，《法学研究》2018 年第 5 期。

时刻警惕由此可能给用户隐私和个人生活带来的"变本加厉的骚扰"。①据报道，杭州拟推出"渐变色"健康码，通过整合电子病历、体检信息甚至生活习惯等个人信息，建立个人健康指标评价体系；不仅如此，杭州健康码应用还打算将楼道、社区和企业的群体评价体系纳入自动化决策范围，打造"全知全悉"的健康生态服务圈。从健康码向"万能码"之拔擢，仁者见仁、智者见智，笔者不作评价；单就信息主体在此类场景中是否享有"脱离自动化决策权"，笔者认为，这将取决于以提升公共治理为目的的自动化决策，是否同时为实现公共利益所必需。一般来说，个人信息经过结构化改造后在社会运营网络中流通，便摆脱个人掌控范围成为公共数据库的有机组成部分，对任何自动化决策的脱离都将"牵一发而动全身"。从信息流动的角度来看，如果毫无保留地允许信息主体享有对其个人信息的绝对权利，无疑将侵蚀公共治理领域自动化决策的全面性和公正性，破坏国家治理体系现代化的完整生态。因此，在涉及公共利益的自动化决策的场景中，"脱离自动化决策权"的适用只能是例外而非一般原则。此种认知同 GDPR 第 23 条所囊括的"限制情形"相符："出于国家安全、国防、公共安全和公共利益等考量，欧盟各成员国可以通过立法手段限制第 12 条至第 22 条、第 34 条以及第 5 条所规定的责任与权利范围。"GDPR 第 89 条也对此作出相应规定："因为公共利益、科学或历史研究或统计目的而进一步处理信息……可以对信息主体的防护措施和权利进行克减。"总之，公共利益与个人利益总是存在此消彼长的张力，这是立法者长期努力调和却难以平息的固有矛盾，公共卫生领域尤其如此；但倘若能在变动不居的法益环境中，因时制宜作出彰显社会整体价值的伦理判断，那便是以看得见的方式实现了以个人健康促进社会健康的最大正义。

三、超越 GDPR：保护人类自主性的额外可能

在"获解释权"和"被遗忘权"的基础上层层递进，以更高程度的人类干预取代较低程度的人工介入，GDPR 界定了信息主体在请求获得解释、表达异议和反对之外可以暂时请求脱离自动化决策的权利，并与其他

---

① 许可：《从规制科技反思"健康码"》，FT 中文网，2020 年 4 月 1 日，https：//www.ftchinese.com/story/001087036。

两种基本权利一道构成了保护信息主体权益的、三权并立的联动体系。以上论述，并未突破 DPID 与 GDPR 为"脱离自动化决策权"框定的藩篱，此等认知限制势必带来法律移植方面的困难，因为独立于原框架的"脱离自动化决策权"将再次面临内涵的不稳定性和外延的模糊性。

阿芬那留斯指出，人们惯于在经验中"摄取"思想、感情和意志，导致经验分裂为外在和内在，并被迫对其作主体和客体的划分，造成的结果是"'实在'被颠倒黑白"。[①] 以消除"摄取"为要领，公共治理领域的学者们试图寻求应对自动化决策的"纯粹经验"，借此生发出信息主体所应当具有的"实在权利"。这些"实在权利"有着显著的詹姆斯"实用主义"的特征，剔除一切被概念思维加工的权利属性，把逻辑的一致性和证实包括在实际的功利观念之中，或多或少地还原了"脱离自动化决策权"的"清净"和"原初"状态。

回归行政法的"自然正义观"，英国学者提出了"陈情权"的概念，主张保障因某项决策致使自身权益受损的个体享有获得公平聆讯以及请求行政复议的权利。尽管人工智能模拟人类情感的能力与日俱增，但短期内仍然无法像自然人一样表达出有温度的怜悯、同情和关爱。行使"陈情权"的目的，是迫使政策制定者以"同为自然人"的立场对被决策者的实际遭遇感同身受，借此制定出更人性化的政策和法律。在自动化决策领域，美国一直是"陈情权"的践行者，经常通过听证会的方式对自动化决策失灵予以纠正，让受害者彻底"脱离自动化决策"。例如，2018 年 1 月，在缺乏科学论证的基础上，美国纽约州率先利用预警保护系统来鉴别具有"严重家暴倾向"的父母，并对"高危儿童"进行隔离保护。该系统不仅没有大幅降低虐童事件的发生概率，还造成了上万正常父母同其子女的被迫分离，上线不到半年就引发众怒。在数次听证会后，当局撤销了此前的自动化决策，并放弃了预警保护系统的使用。2019 年 4 月，一场针对密歇根州政府利用人工智能技术审查社会救济申请的听证会，引发了逾 4 万名居民对州政府的集体诉讼。据悉，用于反欺诈的米达斯系统出错率高达 93%，致使数万低保申请者被无端惩戒。集体诉讼一旦获胜，全体密歇根州居民将彻底脱离米达斯系统的自动化决策，而密歇根州政府将陷入"破产"的

---

① R. Avenarius, *Kritik Der Reinen Erfahrung*, O. R. Reisland, 1907.

境地。①

职是之故，"陈情权"虽然能够取得较好的"脱离自动化决策"的效果，但行使该权利必然伴随极高的法律成本，且需以成熟的集体诉讼等制度为配套，有为求正义矫枉过正之嫌。波斯纳指出："法律并没有试图在最高程度上实施任何道德准则……全部承诺的法律实施成本会超过其收益。"② 可以想象，一旦"陈情权"的实施成本超过社会所能承受的临界值，行使该权利将失去原本的正当性，因为维护一种正义不应以牺牲另一种正义为代价。更有可能的情况是，在实施成本逼近临界值之前，"陈情权"的行使就已经自然出现了传播边际效用急速递减的情况。我们身处信息爆炸的年代，信息增量无限而注意力极为有限，人们经常出现上一分钟还在为某个新闻义愤填膺，这一分钟就已经为某条信息拍手叫好，下一分钟再因某篇软文泪流满面的涣散状态。面对人工智能迅猛发展所勾勒出的机器彻底取代自然人甚至奴役自然人的末日图景，人们的心理状态也必然会在"日居月诸，胡迭而微"中从一开始的毛骨悚然逐渐过渡至视若无睹乃至最终安之若素。信息传播的规律表明，只有第一个、第二个受害者的"陈情"能够引发较大的公众关注，此后相同受害者的"再次陈情"非但效果将呈指数级递减，甚至还会因为"反复陈情"引发受众内心嫌恶的负面效果，就像一句流行歌词中所表达的那样："谁会不厌其烦地安慰那无知的少年？"

公共治理领域的学者还指出，资讯类的自动化决策进一步将人们本来就已相当涣散的注意力彻底碎片化，预测算法和偏好算法更是以"个性化定制"之名试图操纵人们的注意力。弗瑞施曼（Frischmann）和塞林格（Selinger）在《重塑人性》一书中指出，如果人类想要在 21 世纪继续保持代理权和自主意识，就需要在法律层面承认"离线权（the right to be off）"。③ 所谓"离线权"，顾名思义，即脱离强加于自身的自动化决策正常生活的权利，和"脱离自动化决策权"有异曲同工之妙。弗瑞施曼和塞林格并没有为"离线权"指明清晰的行权路径，"离线权"因此被部分

---

① 唐林垚：《遏制人工智能算法的公共妨害》，《法制日报》2020 年 1 月 7 日，第 10 版。

② ［美］理查德·A. 波斯纳：《法律的经济分析》，蒋兆康译，中国大百科全书出版社 1997 年版，第 341 页。

③ B. Frischmann and E. Selinger, *Re-Engineering Humanity*, Cambridge University Press, 2018, pp. 96 - 102.

学者从实操层面解读为"注意力保护权（the right to attention）",① 即脱离自动化内容推送和营销类用户侧写的权利。范围限缩的解读方式虽然极大地限缩了"离线权"本来的综合意涵，但就其为普罗大众所灌输的拒绝被轻易掠夺个人信息红利的法治观念和自我保护意识而言，意义不可小觑。

自动化决策裹挟着人们自然而然地接受构建于一个个信息茧房之上的"后自主社会"，并以半将就、半威胁的方式推动人们步入"后真相周期"，亚马逊公司前首席科学家维真德在《数据为民》一书的开头给出了一个重要的前提认知："时间已经认识到，隐私和自主不过是一种错觉。"② 鉴于此，"陈情权"也好、"离线权"也罢，任何一种进路只要能够实现"脱离自动化决策"的效果——哪怕是片刻脱离、部分脱离——也能让面对自动化决策霸凌早已退无可退的人类"有固可守，有险可依"。从这一点来看，未来信息控制者所需要履行的，恐怕不是一星半点的社会责任那么简单。

本章小结

"人生而自由，却无往不在枷锁之中。"针对自动化决策的法律应对重点在于，警惕打着促进自由幌子的技术工具，被用来生成更多难以挣脱的枷锁。马克思指出，法律乃强权意志的实证主义法学认知仅道出了部分真相，法律既是人类理性所理解的道德准则的表达，也是根植于社会共同体的历史价值和规范的习惯的派生物。③ 欧盟立法的经验和教训表明，多权并立的联动体系不一定能够确保个人意志可以独立地、自主地依据普遍承认的法则和习惯同他人的意志相协调，反而可能会因为部分不那么重要的权利对另一些真正重要的权利的遮蔽和掣肘，阻碍实质公正与有效救济

---

① J. Tran, The Right to Attention, 91 *Indiana Law Journal* 3, 2016, p. 1023.

② Andreas Weigend, *Data for the People*, *How to Make Our Post-Privacy Economy Work for You*, Stanford University; University of California, 2017.

③ 中共中央马克思恩格斯列宁斯大林著作编译局：《马克思恩格斯全集》第 4 卷，人民出版社 2006 年版，第 121—122 页。

的兑现。在人工智能领域，各国立法者创造出了过多的于事无补的完型与范式，来与广为人知的毫无意义的知情同意这一比喻相配。技术膨胀出的权力越是绝对，人类的尊严就越受到威胁。"获解释权"和"被遗忘权"最多只能争取到局促的"看似自主"和"有限自由"，而只有在决定自身利益的关键事务上享有积极参与的权利，人类才有可能维持和延续在知识、经验和道德上的卓越。在这个意义上，"脱离自动化决策权"实乃关系人类共同命运的最后一道屏障。

回到本章开头的例子，如果健康码对个人的风险等级判定有误，致使持码人通行受阻，持码人拨打12345发起纠错申请，即可视为"脱离自动化决策权"。此时，县级防控指挥部既非简单地对持码人进行解释或心理疏导（让其接受错误的结果），也非直接擦除或更正个人信息（对决策结果在所不问），而是通过对自动化决策求得的结果进行反向检视，找到出现差错的环节，并对错误结果进行"系列纠偏"。如果没有环节出现差错，县级防控指挥部也应对判定结果进行自然人审查，并重新形成判定结果。当然，这是高度理想化的情况，但也反映出在自动化决策逐步成为国家治理体系和治理能力现代化重要组成部分的必然趋势下，我国未来《个人信息保护法》的修改中引入"脱离自动化决策权"的必要性。《民法典》人格权编对个人信息处理确立了"合法、正当、必要和不过度"的原则，对信息处理者"采取技术措施和其他必要措施"保障信息主体权益的各项要求和规定，[1] 为"脱离自动化决策权"不再只是一种虚幻承诺预留了空间。下一步的工作是通过解释或针对典型性事件的具体化，对既存规则和立法顾虑之间的可能冲突加以澄清，发展出切实可行、同时又具备弹性的行权路径，让"脱离自动化决策权"成为我国人工智能领域良法推进善治、将制度优势转化为国家治理效能的人权保障。[2]

---

[1]　参见王利明《彰显时代性：中国民法典的鲜明特色》，《东方法学》2020年第4期。

[2]　唐林垚：《"脱离算法自动化决策权"的虚幻承诺》，《东方法学》2020年第6期。

第五章 "免受算法支配权"的本土方案

算法决策相对于自然人决策具有成本低、效率高、反应快、应用广等优势。依托算法决策的各类智能应用,无疑能为人们的生活带来便利,"已经日益成为社会经济发展和公共治理的重要支点",[①] 但新的问题也由此产生:外卖平台近乎严苛的超时惩戒制度,逼迫外卖骑手不顾交通安全疲于奔命;网约车软件、网购平台通过对用户操作习惯的分析,在隐藏环节加价、对消费者进行揩油和杀熟;各类短视频应用登顶全球下载量最多的应用行列,"成瘾性"利用空洞内容吞噬空余时间的算法设计被诟病为21世纪的"精神鸦片"。在智能应用无所不在的人工智能时代,如何保护个体免受算法的支配和控制,同保护个人信息一样,已经成为广大人民群众最关心、最直接、最现实的利益问题。上一章探讨了"脱离自动化决策权"的复杂性,以此为判定标准,当前《个人信息保护法》对个人信息的利用和流转保护有余,对个体脱离算法决策的相关权利保障却明显不足,解决方案是在《个人信息保护法》中补充规定个体享有"免受算法支配权"。

第一节 规制的基点:针对算法决策的规则构建逻辑

算法,是求解特定结果的数理步骤,是解决特殊问题的思维路径,[②]

---

① 苏宇:《算法规制的谱系》,《中国法学》2020年第3期。

② Sarah Valentine, Impoverished Algorithms: Misguided Governments, Flawed Technologies, and Social Control, 46 *Fordham Urban Law Journal* 2, 2019, p. 365.

但其一旦以智能应用为载体介入对个体或群体的日常决策，就可能产生关涉个体权益、公序良俗和公共安全的问题。马斯克（Elon Mask）对此直言不讳："人工智能是对人类文明最根本的威胁。"① 这种"反电子乌托邦"的论点或许过于悲观和绝对，但我们确有必要对算法决策的优点和缺点持有更全面和更清醒的认识。

一、算法决策的特征及应用场景

作为各类智能应用的关键所在，算法决策，是指利用先进的信息挖掘技术对海量用户进行持续追踪和信息采集，通过特定规则对信息进行提炼以确定用户的群组特质或特征，最终生成具有明确指向性的决策或用户画像的过程。算法决策精于预测，号称能为信息主体提供贴心的"个性化服务"。举例而言，短视频软件的内容推荐算法围绕"热度权重"进行内容推送，具有极高的用户黏性；产品推荐引擎革新了网络购物平台的内容呈现方式，从满足消费者需求一跃提升至培养消费者习惯；动态投喂算法被社交媒体广泛采用，极大地增加了用户沉浸其中的时间。内置算法决策的智能应用不胜枚举，通常，算法决策都是"免费"的，信息主体无须缴纳任何费用即可"享用服务"，只要允许信息处理者获取和重复使用个人信息即可。

算法决策还被广泛地应用于公共治理，例如用于考察客户信誉的银行大数据资信系统、公安部门的犯罪预测系统、居民养老保险在线审核系统等。与此同时，人们对智慧城市和智慧生活的向往，推动了算法决策对传统商业模式的颠覆。以大家耳熟能详的智能应用为例，美团、饿了么等外卖平台的实时智能配送系统，号称能够完成"万单对万人的秒级求解"，以最低的价格、最短的时间实现最精确的物品配送；滴滴出行、首汽约车等网约车软件，在实现百万级出乘需求匹配的同时，还力图尽可能平衡司机和乘客的利益，让出行的时间和成本都"可预见"和"可控制"。在算法决策已经结构性嵌入社会运营的大背景下，赫拉利（Yuval Herali）所描述的"算法社会"已经奇点临近："权威将从个人转向由算法构成的网络。人类不会再认为自己是自主的个体，不再依据自己的期望度日，而是

---

① 诶隆·马斯克：《人工智能是对人类文明最根本的威胁》，搜狐网，https://www.sohu.com/a/165013412_117206，最后访问日期：2022年11月25日。

习惯把人类整体看作一种生化机制的集合体，由电子算法网络实时监测和指挥。"①

二、算法决策的问题及法律风险

尽管使用算法决策的信息处理者坚称，算法决策能给用户提供更有意义的体验，为信息主体带来便利、提升社会运营效率，但智能应用和传统服务大相径庭——算法决策的服务供给通常完全基于信息处理者推断出来的用户喜好和商业痛点，向信息主体提供服务时也未真正征求其意愿和完整的意思表示。诚然，"通知—同意机制"早已被前置为算法决策全周期的"第一闸口"，但晦涩难懂的用户须知无法让信息主体知晓全部信息，非同意不可使用的俘狭同意机制诱使用户匆忙决策，"通知—同意机制"形同虚设。从程序法的视角来看，现行算法决策系统的设计理念普遍有待商榷，相关的道德和伦理问题也由此凸显：算法决策系统真正提升的，是信息处理者的收入所得，还是信息主体的便利性和获得感？信息处理者的利己和社会整体的利他如果本末倒置，法律就有介入的必要，以调适二者之间的冲突。

当算法决策从"试图适应和预测人们的偏好"转向"将本不存在的偏好强加于人们"时，法律应对风险也随之激增。自然人决策是维系人类集体生活所不可或缺的"阳光、空气和水"，自然人决策向算法决策的让渡是人类主动对自身特性的放弃和抹杀，必然对社会群体和个人产生深刻影响。众所周知，自然人决策存在诸多弊端，远非尽善尽美，近代法律制度在弥补和矫正自然人决策方面颇有建树；但对于算法决策的缺陷和不足，我们知之甚少，缺乏查缺补漏的经验，遑论能够自上而下建立切实可行的制度性保障机制。当生成决策的逻辑基础是不同于人类理性的算法程式时，过去行之有效的监督和干预机制难以发挥实效；在科技创新发展和应用于社会的过程中，倡导"负责任的治理"尤其重要，这要求立法者具备"三界五行"的视野，而不是被现有的问题驱动着走。习近平总书

---

① ［以］尤瓦尔·赫拉利：《未来简史》，林俊宏译，中信出版社 2017 年版，第 296 页。

记指出："要整合多学科力量，加强人工智能相关法律、伦理、社会问题研究。"① 唯有建立完善的算法决策规范，才能更好地获取人工智能福利，让科技造福人类。②

三、算法规制的权利路径与方向

各类应用对用户"润物细无声"地投其所好，看似简单，实则需要过滤大量的个人信息才能实现，在这个过程中，算法决策是核心，规制算法决策与保护个人信息同样重要。算法决策日益成为影响国家安全、政治安全、意识形态安全的重点问题，也是世界各国所面临的共性难题。2021年2月7日，国务院反垄断委员会制定发布《国家反垄断委员会关于平台经济领域的反垄断指南》，将"大数据杀熟"和"算法合谋"纳入重点监管范畴，提倡保护市场公平竞争，促进平台经济规范有序创新健康发展，维护消费者利益和社会公共利益。③ 但是，算法决策所带来的法律挑战，并非都因互联网巨头滥用市场支配地位而产生，任何信息处理者，无论规模大小，只要滥用算法工具，都可能造成严重后果。算法决策以大数据为其"养分"和"燃料"，而构成大数据的，则是众多独立的个体。因此，公法视域之外，个体权利保障的进路更加重要。在《网络安全法》《数据安全法》问题频现之时，与每个个体休戚相关的《个人信息保护法》势必将主要承载保护信息主体免受算法决策侵害之重任。

算法对个体的侵害，源于对人类自主性的侵蚀。柯维指出："人不律己，便是情绪、食欲和情欲的奴隶。"④ 由此看来，缺乏自律便会丧失自由。既然自由通常是建立在严于律己的基础之上，人们行事时须常以更高标准约束自己，才能充分体会到自主性的存在。根据尼采（Friedrich Nietzsche）的观点，"真正的幸福来自自我节制"，只有自我节制才能让人持续地感受到自己是自身利益的最佳判断者。综观当下各类算法决策的

---

① 《习近平：推动我国新一代人工智能健康发展》，新华网，http://www.xinhuanet.com/politics/leaders/2018-10/31/c_1123643321.htm，最后访问日期：2022年11月25日。
② 李彦宏：《推动新一代人工智能健康发展》，《人民日报》2019年7月22日，第17版。
③ 《国务院反垄断委员会关于平台经济领域的反垄断指南》，中央人民政府网站，http://www.gov.cn/xinwen/2021-02/07/content_5585758.htm，最后访问日期：2022年11月25日。
④ ［美］史蒂芬·柯维：《高效能人士的七个习惯》，高新勇等译，中国青年出版社2020年版，第1页。

应用场景，不仅不能促进人们以更高标准约束自身以获得更高的自主性，反倒倾向于引导人们不断屈服于低层次的本能和唾手可得的满足感，在对廉价快感的角逐中彻底丧失幸福和自由："抖音""快手"极易让人沉迷于快节奏的惊喜变幻之中，从而降低做其他事情的积极性，甚至让人忘记思考；网购平台的新品推送，催生了无数原本不需要的消费需求，甚至在一定程度上培养了消费者"超前消费"和"过度消费"的坏习惯，从而引发债务危机。要想突破算法决策对人们的支配和困扰，首先应当根除信息主体对算法应用的不当依赖，倡导一种以自然人自律取代算法他律的原初状态。

算法决策规制的重要基点，应聚焦于算法决策滥用所导致的权力失衡。交易，是商业的基石；从交易中获利，是商业的本质。算法决策在商业领域的频繁应用，正源于算法决策可以带来更高的正向收益。问题在于，算法决策带来的正向收益并未在交易双方中平均分配；凭借技术和信息的双重优势，掌控算法应用的信息处理者最终将能占尽信息处理活动中的所有剩余利益。[1] 不知疲倦、随时待机、能力随算力水涨船高的算法决策应用在设计之初，就是为了助力信息处理者或以巧妙、精准的方式掠夺消费者剩余实现"开源"，或通过节省人工成本的方式减少自然人岗位实现"节流"。因此，打着"个性化服务""提供贴心支持"等幌子的算法应用，并不总是以受众或消费者的利益最大化为追求，相反，二者存在不可避免的利益冲突。职是之故，针对算法决策的个人权利保障，应以交易双方的利益再分配为根本目标，改变"信息处理者中心主义"的现状。

第二节 试错的过程：现行信息主体权利的局限与不足

在摆脱算法依赖、保护信息主体权益方面，立法者早已有所行动。《个人信息保护法》第四章针对算法决策行为，赋予了信息主体"更正权""被遗忘权""获解释权"等，但这三种权利尚不足以保护信息主体

---

[1] 参见邓辉《我国个人信息保护行政监管的立法选择》，《交大法学》2020年第2期。

免受算法操纵、平台杀熟和信息茧房的伤害，也不可能真正实现"免受算法支配权"的综合意涵。

一、"更正权"：治标不治本

针对算法决策的"更正权"，始见于欧盟 GDPR 第 16 条，算法决策对象可以在不违反算法目的的前提下，更正、完善、调整存在偏差的个人信息。我国《网络安全法》第 43 条最先规定了在"网络运营者收集、存储的其个人信息有错误"等情形中，个人"有权要求网络运营者予以更正"；2021 年生效的《民法典》吸纳了这一规定，将其置于人格权编第 1037 条第 1 款："自然人可以依法向信息处理者查阅或者复制其个人信息；发现信息有错误的，有权提出异议并请求及时采取更正等必要措施。"《个人信息保护法》第 46 条在前述规定的基础上，进行了细化，要求信息处理者对不准确和不完整的个人信息进行及时更正和补充。然而，无论是欧盟还是我国，算法决策对象主动行使"更正权"可以更正的对象，只能是处于决策链前端的底层数据或者个人信息，不能更正形成错误算法决策的错误逻辑。由于机器学习模型抓取的大数据通常来源于多个渠道，个人实际上不可能对较长时间维度中的每一次信息抓取都进行纠偏，极偶尔的信息更正相对于体量异常庞大的"数据池"而言，根本不具备统计学意义条件，因此难以对算法决策的结果产生决定性的影响。

更何况，在卷积神经网络中，算法决策所依赖的机器学习模型群，对应着不同层级的信息簇，信息簇和信息簇之间存在层层递进的关系，除了直接来源于信息主体的初始信息外，其余所有层级的信息簇都是信息主体难以理解的过程信息。要对算法决策的结果产生影响，"更正权"的作用对象应当是环环相扣的过程信息簇，但单从字面意思来看，GDPR 第 16 条、《网络安全法》第 43 条、《民法典》第 1037 条第 1 款以及《个人信息保护法》第 46 条，皆不涉及对算法决策过程中"过渡"信息的监管。①

综上所述，机器学习模型从数个渠道、多个平台抓取信息，形成对个体产生重大影响的算法决策。单一信息源头的修改及修正，在整体逻辑不变的前提下，能够起到的作用可谓"微乎其微"，根本不可能实现彻底更

---

① 参见徐文《个人推论数据是如何被藏匿的？》，《社会科学》2020 年第 10 期。

正错误的法律效果。在算法黑箱的掩映下，针对过程信息的"更正权"实属天方夜谭，不具备可行性。更正基础信息完全不同于更正结果，二者具有指向性的区别，在行权拟取得的法律效果上，"更正权"甚至算不上最低程度的"免受算法支配权"。

二、"获解释权"：聊胜于无

近年来，算法可解释性的合规要求，越发被认为是"整体的、纵向的、动态的算法规制"的不可或缺的一部分。[①] 故而，本应居于非普遍使用、辅助性地位的算法透明原则一跃成为世界各国人工智能法律法规的核心要旨。[②] 似乎，只要过程是可以被解释的，那么算法决策结果的合理与否便一目了然。但是，算法透明真的能够一蹴而就吗？答案显然是否定的。

通过可解释性的合规要求确实可以将有争议的问题摆至台面进行探讨，但针对算法决策过程的人为解释，未必能够通过科学合理的方式进行验证。机器学习模型所涉及的中间环节越多，身处局外的观察家们就越不能终局地评价信息输入和结果输出之间的因果关系。强推算法可解释性合规要求的结果是，信息处理者被迫加大力度，去寻求能够正当化算法决策且能够被大众所接受的理由和借口[③]——对算法决策的解释是事后添加的，而解释说理的方式完全取决于政治和经济目标。对算法可解释性的合规要求进行补强的方案，是要求信息处理者在算法决策的各个流程引入同行评议，由同信息处理者无关联的专家同行对机器学习模型和代码的构造进行实质审查。英国《政府数据伦理框架》将法定同行评议作为算法决策的"安全屏障"，但并未给出切实可行的操作方案。需要指出的是，通过同行评议并不意味着算法就可以被解释，更不意味着算法不具备支配性和攻击性。缺乏充分反映自然人价值体系的伦理审查标准，同行评议充其量只能保证：①算法代码的字里行间不充斥着个别程序员带有偏见的价值负载；②机器学习建模过程和指令转译过程中不存在必须调整的理解偏差

① 王莹：《算法侵害类型化研究与法律应对——以〈个人信息保护法〉为基点的算法规制扩展构想》，《法制与社会发展》2021年第6期。
② 参见沈伟伟《算法透明原则的迷思——算法规制理论的批判》，《环球法律评论》2019年第6期。
③ 李玉华：《以合规为核心的企业认罪认罚从宽制度》，《浙江工商大学学报》2021年第1期。

和表达耗散。

GDPR 第 13 条、第 14 条、第 15 条分别规定了直接、间接以及因各类原因进行个人信息处理活动的主体应向信息主体履行的强制性信息披露义务；《个人信息保护法》第 48 条相对简单地阐述了"个人有权要求个人信息处理者对其个人信息处理规则进行解释说明"。以上两种规定方式，均是从信息主体的"获解释权"入手，来反向规定信息处理者应当遵循的算法可解释性的合规要求，并不必然涉及对算法决策的"全流程"解释。在这种规定方式之下，信息处理者可以轻松地以信息采集的范围和合理性来搪塞信息主体对算法决策过程的怀疑，将本来针对信息采集环节的事前解释"依葫芦画瓢"地作用于算法决策的事中和事后过程。同行评议程序的缺乏，配合上本来就意义不大的事前解释，必然将架空信息主体的"获解释权"，既无法降低信息处理者和信息主体之间的信息不对称，甚至也难以协助信息主体加深对算法决策的了解。

总而言之，立法者看到的是一个设定一项"获解释权"就可以让算法决策可解释的世界，而这种理想愿景同当今技术运作的现实情况存在巨大鸿沟。随着机器学习模型的日益复杂、卷积神经网络的广泛适用、信息收集源头的交汇重叠，要就算法决策的运作原理与裁判机制作出详细且外行人也能理解的解释，经常是"解释了也是白解释"，无助于信息主体从不公平的算法决策中抽身而退，也并未赋予信息主体在算法决策前负隅顽抗的筹码。

三、"被遗忘权"：徒劳无功

从字面上来看，"被遗忘权"是迄今为止，最接近"免受算法支配权"的一种权利创设，因为信息主体只要确实身处"被遗忘"的状态，就将不再受到算法工具的针对、评价和信息封锁。世界各国纵有截然不同的"被遗忘权"立法背景，"被遗忘权"却殊途同归地在法律文件中被转译为"擦除权（the right to erase）"或"删除权（the right to delete）"。以欧盟为例，在 2010 年的 *Google Spain v. Costeja Gonzalez* 案中，原告要求在搜索引擎中剔除掉自己已经过时的个人信息，DPID 第 12 条"允许信息主体擦除不符合相关规定的信息"的原始规定得以适用。GDPR 第 17 条吸收了此前的规定,将 DPID 第 12 条表达为:"信息主体有要求信息控制者擦除关于其个人信息的权利。"我国的相关法律实践开始于 2015 年,在任甲玉诉北京百度网讯科技有限公司人格权纠纷案中,原告除了主张姓名权和名誉权受到侵害之外,还额外主张被告侵犯了其人格权中"被遗忘"的权利。[①] 虽然原告在二审中败诉,但是"被遗忘权"的主张,引发了学界和实务界的热切关注,[②] 并体现在《民法典》人格权编的立法工作中。《民法典》第 1028 条、第 1029 条、第 1037 条和第 1195 条分别规定了自然人在四种情形中享有"删除权":①报刊、网络等媒体报道的内容失实;②针对自己的信用评价不当;③信息处理者违反法律、行政法规的规定或者双方的约定处理其个人信息;④网络用户利用网络服务实施侵权行为。《个人信息保护法》集判例和《民法典》之大全,在第 22 条规定了超出约定处理目的、合同履行完毕时信息处理者的信息返还或删除义务,在第 47 条明确了个人撤回信息处理同意时所享有的"删除权";对于删除信息在技术上难以实现的,《个人信息保护法》要求个人信息处理者立即停止处理个人信息。

遗憾的是,表现为"删除权"的"被遗忘权",并非完整意义上的"被遗忘权",只能在有限范围内将涉及信息主体的部分信息"隐去",并不能起到让信息主体"被遗忘"的效果。在 *Google Spain* 案中,虽然原告胜诉,但被允许行使"删除权"的结果,只是让搜索引擎在其算法模型中,剔除了包含原告个人信息的链接,并没有彻底删除包含这些个人信息的原始界面,毕竟,这些界面所对应的门户网站,并不归搜索引擎公司所有。因此,原告行使"删除权"顶多实现了被某个搜索引擎算法"遗忘"的法律效果;只要包含个人信息的原始页面依旧存续,其他的智能应用依旧可以实现对这些页面的抓取和访问,信息主体也就仍然随时处于各类算法决策的支配之下。"被遗忘权"的自欺欺人之处在于,信息主体只能暂时免受某算法决策的"跟踪",就好比清空网络购物平台购物车虽然可以暂时改变"猜你想要"的推送结果,但算法系统依旧可以凭借对用户购买习惯、支付方式等深层次信息的牢牢掌控进行"套路"和"杀熟"。若想达至被彻底遗

---

① 任甲玉与北京百度网讯科技有限公司人格权纠纷案,北京市海淀区人民法院民事判决书,(2015)海民初字第 17417 号。

② 万方:《终将被遗忘的权利——我国引入被遗忘权的思考》,《法学评论》2016 年第 6 期。

忘的效果，信息主体只能依次向包含个人信息的网站逐一行使"被遗忘权"，此种在理论上可行的操作方式在实践中将面临极高的行权成本。总之，如果"被遗忘权"只是停留在"擦除权""删除权"的水平，信息主体通过行使"被遗忘权"来达到"免受算法支配"的希望定然会落空。

第三节　应对的方案："免受算法支配权"的
内涵与外延

"更正权""被遗忘权""获解释权"的固有缺陷决定了即使三者在实践中能够合乎情理地联动，也无法真正起到让信息主体"免受算法支配"的效果。因此，《个人信息保护法》应当以更加直接的方式补充规定"免受算法支配权"："个人有权不成为算法决策支配对象，信息处理者应当保障个人可以不受信息自动化处理的决定的限制。"性质上，"免受算法支配权"是信息主体请求免受算法决策影响、获得人工干预等权利的集合。对这种复合式权利的内涵界定，可以分情境从以下三个方面展开。

一、算法操纵场景："陈情权"

"免受算法支配权"是最低限度的"陈情权"，是个体就自身不公平遭遇获得公平聆讯以及请求行政复议的权利。允许个体就广泛存在的"算法不公"进行陈情，可以让政策制定者以"同为自然人"的立场对被决策者的实际遭遇感同身受，借此制定出更人性化的政策和法律，及时矫正影响深远的算法决策可能存在的偏误。

在算法操纵的场景中，受算法支配的从业人员，主要是学历不高、无专业技能的基础工种，是各类劳动者中几乎最为弱势的群体。以外卖送餐骑手为例，各平台的骑手一般分为两类：一类是加入各个站点、由代理商作为"隔层"与平台构成劳务关系的专职骑手，理应按照劳动法规范落实工作时间和社会保险的相关规定；另一类是入行门槛极低，自主注册、接单、配送的众包骑手，由于其服务样态不符合典型劳动关系的特征，很难纳入劳动法调整，缺乏与其劳动方式相适应的法律保障机制。在平台的外衣下，专职骑手实际上也难以行使劳动法所提供的法定议价权利，与众包骑手一样缺乏同平台的议价能力，这实际上是劳动者被算法支配的问题的根源。在该类法律关系中，工作时间、加班报酬以及奖惩规则由平台决定，平台的决定权由算法决策予以具体落实。由于缺乏议价能力，劳动者要么接受压榨，要么离开平台，算法决策加剧了平台与底层劳动者之间的权力和利益结构失衡。

让劳动关系中的信息主体免受算法支配之困的对策，是回归基本的劳动者权益保障，即综合运用政策工具，提升劳动者与平台之间的议价能力。在人工智能的加持下，新业态、新模式层出不穷，政策和既有规定很难及时捕捉因技术变革带来的新问题和新挑战，此时，赋予作为受支配者、当事人的信息主体通过正当渠道发声的"陈情权"，有助于提醒立法者及时调整法律法规，以变应变构筑劳动者权益保障的底线。"陈情权"的行使，将有助于建立与不同业态和模式相匹配的"政府—劳动者—平台"三方参与的议价协商制度，借用公共对话的场域来制衡平台的技术霸权，为处于弱势地位的劳动者提供议价渠道，以各方都能接受的协商结果修正近乎肆意妄为的算法决策。

"陈情权"所构筑的商谈场域，也有助于矫正雇佣关系中不平衡的风险分配机制，避免不公平的责任转嫁或无必要的责任揽承。"法律制度的正当性则取决于'正当化的过程'以及为了达到这一目的而运用的'说理的技术'。"[1]各参与方的相互角力可以创造出符合各方利益的内生性合理秩序，解决既有外生性制度安排难以应对的棘手问题。《最高人民法院关于审理人身损害赔偿案件适用法律若干问题的解释》第3条规定："依法应当参加工伤保险统筹的用人单位的劳动者，因工伤事故遭受人身损害，劳动者或者其近亲属向人民法院起诉请求用人单位承担民事赔偿责任的，告知其按《工伤保险条例》的规定处理。因用人单位以外的第三人侵权造成劳动者人身损害，赔偿权利人请求第三人承担民事赔偿责任的，人民法院应予支持。"必须承认的是，"雇主严格责任制"的过度适用，将给劳动市场的供给方带来过高的运营成本，不利于商业活动的开展。面对技术进步不断革新商业模式的现状，有学者指出，不宜"一揽子"将互联网平台的劳务供给认定为劳务关系，劳动法的适用范围应当根据技术的发展进行动态调整，"避免劳动关系的泛化"。[2]"陈情权"的适用，将有助于劳动者和平台之间自行达至责

---

① 罗培新：《公司法的合同路径与公司法规则的正当性》，《法学研究》2004年第2期。

② 王天玉：《基于互联网平台提供劳务的劳动关系认定——以"e代驾"在京、沪、穗三地法院的判决为切入点》，《法学》2016年第6期。

任和风险分配的最优解，为未来《劳动法》的动态调整提供方法论上的启示。

二、平台杀熟场景："人工干预权"

平台杀熟，是指信息处理者通过对信息主体的大数据分析，在掌握其消费偏好、消费习惯和消费水平后，将同一商品或服务以差别性定价卖给不同的信息主体从而获得更多消费者剩余的行为，严重影响市场秩序、侵害消费者权益以及社会整体利益。例如，同样的一份外卖餐食，外卖平台对同一区域的客户收取不同的配送费或者服务费；网约车软件对相同里程、相近交通状况的行程收取不同的费用。在杀熟技巧越发精湛的今天，平台杀熟演化出两种基本表现形式，从差别定价逐渐向诱导消费转换。其中，差别定价以三种方式实现：①根据信息主体所使用的设备差异进行差别定价；②根据信息主体消费时所处的不同场合进行差别定价；③根据信息主体的不同消费习惯和消费频率进行差别定价。诱导消费主要有三种表现形式：①分析信息主体对价格的敏感程度，对"高净值客户"隐藏性价比更高的选项；②利用预测型和自主学习型算法，实现各搜索界面的协调一致，排除信息主体的多样化选择；③在用户原有偏好的基础上进行战略性反复推送，激发用户原本不存在的隐性偏好。

平台杀熟的本质，其实是人为的错误算法决策，是平台放任有利于自身的、带有偏见的算法决策取代原有公平的、不区别对待的算法决策。在这个意义上，平台杀熟和算法决策错误并无二致，二者可以以相同的矫正方式予以应对。矫正算法决策错误最直接的方法，是人工介入。实际上，《个人信息保护法》第四章的"更正权"、"获解释权"以及"被遗忘权"都是人工介入的典范，当算法决策产生错误时，由自然人介入决策过程，或对不正确的原始信息予以更正，或对看似不合理的算法决策予以解释，或删除包含噪声的个人信息。但正如上文详细指出的那样，"更正权"、"获解释权"以及"被遗忘权"层面的人工介入，尚不足以完全纠错误的算法决策，更不可能实现免受算法支配的法律效果。在平台杀熟和算法决策有误的场景中，"免受算法支配权"应当对应比"人工介入权"干预程度更高的"人工干预权"，即以人工干预的方式直接对不合理的结果进行纠正，以"自然人所具备的一般理性和情感"对信息主体的相关信息进行审查并得出全新结论。

更高程度的人工介入体现在，由自然人亲力亲为，对错误的算法决策过程和结果的干预。以健康码为例，政府部门允许个人在健康码的结果与实际情况不符时，拨打 12345 热线发起纠错申请，经县级防控指挥部核实确认后，以人工决策取代算法决策形成公允的判定结果。这是在法律尚无明确规定的情况下，以"行胜于言"的方式实现了"免受算法支配权"的精神内涵，这种以人为本的执法实践，让智治与自治、法治、德治一样充满温度。回到平台杀熟的场景，"人工干预权"的设置，并不意味着平台必须以"自然人亲力亲为"的方式进行定价或者向消费者推荐商品或服务，也不是当消费者已经觉察到被杀熟之后由人工审核算法定价的合理性。从节约双方成本的角度考虑，平台应在预测型和自主学习型算法的使用上保持克制，并且主动建立"算法决策审核官"等职位，由自然人专家主动监测算法决策的各个环节，防止利润最大化导向下算法决策的异化和"脱缰"，以事前的"主动人工干预"避免产生事后的"被动人工干预"成本。

三、信息茧房场景："远离权"

人类的相互操纵和强力干预，颇受外部竞争和权力分化的限制，但打着促进个人自主旗号的算法工具，已经在受众的半推半就之间完全破坏了人类的自主性。这种破坏性集中体现在通过吸引注意力的方式来影响人们的行为并左右人们的偏好。有学者将监控和管理人们生活的算法决策系统比喻成"隐形铁丝网"，它们包围并限制了人们的自主空间，个体甚至根本意识不到它们在做什么。[1] 无处不在的传感器系统、时时开启的定位服务、360 度无死角的监控摄像头以及呈指数级增长的大数据，记录并重塑了人们的数字生活，任何从中逃亡的尝试，都将面临被"推回正轨"的压力。例如，脱离银行的资信审查系统，信息主体将无法获得贷款，甚至在房屋租赁平台都无法通过审核。2020 年以来，反垄断法和反不正当竞争法已经在宏观层面频频发力，对横亘在政府和市场之间、凭借科技优势介入社会运营的技术寡头进行合理拆分，防止因"集个人信息之大成"而掌握"准公权力"的商业平台、金融机构和社交媒体兴风作浪。在微

---

① Evgeny Morozov, The Real Privacy Problem, 2 *MIT Technology Review* 1, 2013, p. 9.

观层面，信息主体也需要切实有力、可操作性强的个体权利，以脱离算法决策所塑造的信息茧房，不被掌控话语权的商业巨头们"带节奏"。

美国学者特兰（Jasper Tran）最早提出了"注意力保护权（the right to attention）"的概念，主张赋予信息主体对抗算法决策捕捉和控制注意力的权利。[①] 由于"注意力保护权"的概念过于模糊，实践中人们将其解读为"离线权（the right to disconnect）"，意指信息处理主体应当赋予信息主体的从网络世界中回归现实生活留白、不受算法调度的被动权利。弗瑞施曼和塞林格更进一步，提出了"远离权（the right to be off）"的概念。他们指出，人类在 21 世纪保持自主意识的关键在于，个体随时随地都能享有在没有任何算法工具强加于身的情况下生活的基本权利。[②] 实现"远离权"的方式，是在"通知—同意机制"中，对信息主体可以"随时离线"的权利予以特别提示。考虑到算法决策应用场景的千变万化，千篇一律的权利预设方式将难以发挥其既定的效用，"远离权"的内涵亟待进一步完善。

根据拉兹（Joseph Raz）在 20 世纪 80 年代提出的四维自主理论，个体想要成为自己生活的主宰者，应当符合四个基本条件：①具有最低限度的理性来计划拟实现的目标；②拥有足够的选择，不受单一手段的限制和制约；③在思维和心智上独立，有能力应对来自外界的干扰、胁迫和操纵；④享有实现目标的精神和魄力。相应地，"远离权"的构建可以从多个面向展开：①算法决策通常通过限制和约束个体的选择，以达到直接或间接干预人类决策的目的，"远离权"则应打破算法工具有限选择的藩篱，禁止信息处理者利用技术手段隐藏、过滤、预选可供信息主体选择的选项；②算法决策工具惯于通过反复推荐，来削弱个体自主决策的意志，以"放长线钓大鱼"的手段，让人们被迫接受一套"因反复而定型"的思维模式乃至价值观。信息主体应当被允许请求信息处理者剔除一切可能扰乱其思维的推荐方式，包括但不限于重复推送、在关键位置进行醒目提醒等；③某些算法工具被塑造成具有胁迫性的辅助工具，如果个体不按照程序规定的方式行动，系统就会发出不利后果的严正警告。在更极端的情

---

① Jasper Tran, The Right to Attention, 91 *Indiana Law Journal* 3, 2016, p. 1023.

② 转引自［英］凯伦·杨、［英］马丁·洛奇《驯服算法：数字歧视与算法规制》，林少伟、唐林垚译，上海人民出版社 2020 年版，第 125 页。

形中，算法工具之间甚至存在合谋的情况，例如，某些自动驾驶系统同保险费计算程序挂钩，如果用户不严格按照自动驾驶系统所"建议"的方式驾驶车辆，那么其将可能面临保费激增的后果。就此而论，"远离权"，应当包含禁止系统滥发警告的消极效力；④算法工具通过吞噬碎片时间的方式，逐渐消磨个体"集中力量办大事"的心力：密集沟通与零散信息让专心致志的思考愈发奢侈，疲于应付的必然结果就是好生忙碌却智识匮乏，在不知不觉间让算法接管一切。就像当今所有的网络游戏都被要求引入"防沉溺系统"一样，信息处理者应当主动在算法工具中置入长时间使用应用提醒，以及超长时间使用应用被迫离线等功能。

本章小结

"免受算法支配权"所揭示出来的重要命题是，人类与技术之间，需要保持相当的安全距离。算法操纵、平台杀熟和信息茧房场景中"免受算法支配权"的内涵虽然不尽相同，但其背后的逻辑基点都是不同场景之间自然人保护的共性需求。其一，警惕本来应当是中立的智能应用，被用来掩饰未取得"多数人同意"的少数人集权。其二，避免"算法正确"取代"自然人正确"以及"信息处理者利益最大化"排斥"个人利益最大化"。其三，倡导一种符合自然人实际感受的自由与自主。只有在决定自身利益的关键事务上享有积极参与的权利，人类才有可能维持和延续在知识、经验和道德上的卓越。① 监管套利、技术壁垒和应用迭代或将日益扩展信息采集的边界、加大算法可解释性的鸿沟、提升个体被网络世界遗忘的门槛，但倘若能将免受算法支配的权利思维嵌入算法规制的全流程，那便是以充分体现人民意愿的方式将"不断增强人民群众获得感、幸福感、安全感"的价值追求一以贯之；② 如此，个人信息保护才所谓"良法善治"也。

---

① 唐林垚：《〈个人信息保护法〉语境下"免受算法支配权"的实现路径与内涵辨析》，《湖北社会科学》2021 年第 3 期。

② 参见王晨《坚持以习近平法治思想为指导 谱写新时代全面依法治国新篇章》，《中国法学》2021 年第 1 期。

分论三

现实领域的算法应用及其法律保障

第六章　公共卫生领域的算法治理愿景：实现路径及法律保障

　　"脱离自动化决策权"和"免受算法支配权"，皆是从权利进路入手，探讨算法治理和治理算法的自然人信息自决。从本章开始，讨论的立足点将更多侧重于国家政策与公共法律，并结合现实应用，凸显算法治理与治理算法的规则进路。

　　监管部门长期以来面临的主要矛盾，是日益增长的监管对象和监管资源不平衡不充分之间的矛盾；公共卫生领域尤其如此。截至2019年10月底，我国共有医院3.4万个，医院之外的医疗卫生机构更是多达101万个。① 与上百万家机构及动辄数千万名从业人员形成鲜明对比的是，行使监管权的中央和地方卫生健康委员会（以下简称"卫健委"）、② 疾病预防控制中心和医疗保障局等，虽在长期摸索中逐渐形成了"国家主导、地方联动"的动态监管体系，但这些一线监管机构无论是在人力配比还是在资源储备方面，均难随行业的爆发式增长水涨船高，使得"心有余而力不足"的监管困局一直存在。由于合规成本乃人力成本之外的头号开销，部分医疗保健机构监管套利之心尤甚。于是乎，但凡有监管部门力所不逮之处，定然行业乱象丛生，医患关系持续恶化，法律底线节节败退。在经济发展趋缓的大形势下，监管部门合理开源的渠道渐次萎缩，自身禀赋不足以支撑宏伟抱负的情形愈发严重。既然不能无节制地扩充编制和规模，监管部门只能竭尽所能，将有限的资源利用到极致。随着新公共治理理论的崛起，风险评估先行的监管路径应运而生：监管部门一改过去

---

① 《2019年10月底全国医疗卫生机构数》，中商情报网，2020年1月15日，https://www.askci.com/news/chanye/20200115/1451301156375.shtml。

② 卫健委的前身可以追溯至卫生部。2013年，国务院将卫生部、人口和计划生育委员会整合后，组建了国家卫生和计划生育委员会。2018年，卫计委升级为卫健委。

"出现问题—解决问题—因解决问题造成新问题"的被动路径依赖，通过"减轻或豁免对低风险对象的监管，将更多的资源和注意力用于对高风险对象的监管"，[①] 在更有效遏制风险发生的同时却不额外加重监管部门和低风险对象的负担。

我国公共卫生领域风险评估先行监管路径的探索，始于改革开放初期，彼时我国医院按照行政区划、隶属关系、部门所有、条件分割体制设立和管理，长期存在机构布局不合理和资源分配不均衡等问题。为"打破由于基层薄弱，造成医疗系统结构不合理以致削弱整体功能的恶性循环"，卫生部于1989年发布《卫生部关于实施"医院分级管理办法（试行）"的通知》，启动了第一轮医院分级评审工作。《医疗机构管理条例》第40条规定："国家实行医疗机构评审制度……对医疗机构的执业活动、医疗服务质量等进行综合评价……评审办法和评审标准由国务院卫生行政部门制定。"虽历经30多年"上下求索"，评审标准、评审方式也屡经变革，医院分级评审工作至今未能实现风险评估先行的监管路径本应带来的提质增效，几乎沦为民间寻医问诊的声誉参考。

先前的医院分级评审结果未能助力政府"问题导向、目标导向和结果导向"的精准施策，也无助于苗头性和趋势性问题的化解，反倒是横空出世的健康码和各类居家隔离App，在大数据和人工智能技术的加持下，有望根据个体风险特征和区域风险程度，协助有关部门计算与防控目标相称的监管投入。2018年中央经济工作会议就已明确提出，要加快5G技术的商用步伐，加强人工智能、工业互联网和物联网等新型基础设施建设（以下简称"新基建"）。[②] 数字技术高地的国家博弈在很大程度上扫清了新基建人工智能领域信息收集的法律障碍，也给下一轮医院分级评审带来了方法论上的启示：以算法为核心的人工智能技术能否助推风险评估先行的监管路径？如果能，其取代传统评审方式的正当性依据何在？兼具授权性规则和义务性规则的双重意味，帕洛夫斯基将评审定义为"以比较式的类型构建取得法的认识"，[③] 那么，从法诠释学和类型构造的角度

---

① 参见 Robert Baldwin, Martin Lodge, Martin Cave, *Understanding Regulation: Theory, Strategy, and Practice*, Oxford University Press, 2012, pp. 22–31.

② 《中央经济工作会议：发挥投资关键作用　加快5G商用步伐》，新浪网，2018年12月24日，https://tech.sina.com.cn/t/2018-12-24/doc-ihqhqcir9641473.shtml。

③ Hans-Martin Pawlowski, *Einführung in Die Juristische Methodenlehre*, C. F. Müller, 1974, p. 418.

出发，公共卫生领域的算法治理应如何构建？公共卫生领域的科技进步，关乎民生、关乎产业发展、关乎国家安全和社会稳定，是国家治理体系和治理能力现代化的重要组成部分。技术普惠既需要宏观层面的产业政策作为支撑，也需要中观层面的法律法规确立价值导向，更需要微观层面的规范指引矫正实践偏误。在"支撑、引导和矫正"的语境下，本章将着重探讨新基建时期公共卫生领域算法治理不可或缺的法律保障，以期为智慧医疗和公共卫生领域算法治理之实现明确途径。

第一节　医院评审制度的法律沿革与算法治理的先行实践

凡对"卫生法律关系主体所实施的行为进行道德维度的评价或审查的依据，及其所构成的规则体系"，均属于卫生法下的伦理范畴。[1] 从规则意义来看，伦理对卫生法影响深刻，且常因科技的发展不断生发出新伦理，又反过来推动卫生法的修改。在漫长的实践过程中，为实现风险评估先行的监管路径，公共管理部门大致演化出了三种对卫生法律关系主体进行评价或审查的路径，[2] 由远及近分别为基于既定规则的等级评审、基于统计回归的专家排序以及基于机器学习的算法治理。

一、基于既定规则的等级评审

基于既定规则的等级评审，盛行于20世纪60年代美国各州公共卫生署对本州餐馆的卫生安全评级。监察员依照既定的评审标准对餐馆进行周期性检查，各餐馆也依照公共卫生署制定的食品卫生标准改善自身的营业环境，评审结果以A（高信誉度低风险）、B（中等信誉度一般风险）、C（低信誉度高风险）和D（强制取缔）公示于餐馆门口，直接影响市民的就餐意愿。[3]

---

① 解志勇：《卫生法基本原则论要》，《比较法研究》2019年第3期。
② 现实中的医院分级评审未必以道德为单一维度，但必然围绕道德维度展开。
③ 参见 R. A. Y. Hilborn, et al., Defining Tradeoffs among Conservation, Profitability, and Food Security in the California Current Bottom Trawl Fishery, 26 *Conservation Biology* 2, 2012, pp. 257-268.

公共卫生署根据受评餐馆的风险级别，确定下一轮卫生检查的间隔周期，在降低自身监管成本的同时也降低了高信誉低风险餐馆的合规成本。

公共卫生署的评审标准并非一成不变，而是随时根据监察员与受评餐馆的反馈进行修改和完善的，积年累月的规则变迁充分反映了公共卫生署与受评餐馆博弈背后的"参与者多数同意"，成为等级评审所依赖的具体规则的合法性根源。然而，这种基于既定规则的等级评审方式过于简单，存在诸多问题。其一，评审标准由监管部门根据先验知识而非普查或调研结果设计，部分规则不可避免地建立在有缺陷的假设之上。其二，历次评审标准的改进，虽广泛听取了被监管者的意见，但在"资本多数决"之下，最终形成的标准，只能反映"最主流"被监管者的意志，致使部分被监管对象在规则的演进过程中不断被边缘化。这些问题在卫生安全评级上直接体现为规则对特定餐馆的优待或歧视：因高度流程化，大型连锁快餐店的卫生评级甚至高于高档餐馆；因原料和烹饪方式不同于主流西餐，中餐馆难以获得较高评级。①

我国早期的医院分级评审，即采取了基于既定规则的等级评审方式。依据 1989 年《医院分级管理办法（试行）》，全国范围内的医院将按照不同功能和任务统一划分为"一、二、三"三级，分别对应面向一定人口社区的基层卫生院、面向多个社区的综合医疗卫生服务机构和面向多个地区的高水平综合医院，由省级委员会评审。每一级别再根据分级管理标准划分为"甲、乙、丙"三等，由地（市）级委员会评审；三级医院增设特等级别，由部级委员会评审。如果说，"一、二、三级别划分"还算有明确的医院规模作为参照标准，那么"甲、乙、丙等级确立"则在国务院授权卫生部制定的指导文件中找不到任何依据。由于缺乏评审依据，地（市）级委员会在评审中或者想当然地随意制定标准，或者再次机械重复以医院规模为唯一考察依据的既定标准，致使以"成分论英雄"的歧视现象屡见不鲜：大型精神病院或妇幼保健医院多被划分至丙等，县及以下医院基本同甲等无缘。

1998 年 8 月，卫生部发布《关于医院评审工作的通知》，紧急叫停全国医院分级管理与评审工作。在此后长达 13 年的调整期内，卫生部先后开展了

---

① 参见 R. A. Y. Hilborn, et al., Defining Tradeoffs among Conservation, Profitability, and Food Security in the California Current Bottom Trawl Fishery, 26 *Conservation Biology* 2, 2012, p. 267。

"医院管理年""质量万里行"等小型评审活动，动态探寻更加规范和科学的医院评审标准。2011 年，卫生部遵循国际 PDCA 循环原理，[①] 重新制定了《三级综合医院评审标准》，开始了第二轮全国医院分级评审工作。虽然同样采取基于既定规则的等级评审进路，新一轮的评审标准较之前有了长足的进步——总计 391 条标准与监测指标，以医院公益性（32 条）、医院服务（35 条）、患者安全（27 条）、医疗质量安全管理（167 条）、护理质量持续改进（31 条）和医院管理（62 条）为重点考察对象，兼顾 37 条专门对医院进行风险监测和追踪评价的日常统计学评价指标。在其他方法阙如的背景下，新一轮分级评审极大地促进了医疗保健机构的合理定位与分级发展，但其弊病也显而易见：标准越明确，就越容易被破解。据不完全统计，在第二轮医院分级评审工作开展不到一年半的时间内，共有 240 家地方医院从二级晋升为三级，并且多数直接晋升为甲等医院。面对接踵而至的"升级"，2012 年 6 月发布的《卫生部办公厅关于规范医院评审工作的通知》一举推翻了此前的分级结论，并规定对二级及以上医院展开复核评审工作。

长期以来，《三级综合医院评审标准实施细则》要求评审委员会秉承"不降低标准，保证质量安全"的原则从严评审，工作量大、任务繁重，监管部门和受评医院可谓双双不堪重负，风险评估先行的监管路径更是无从谈起：如果前一轮分级评审已经客观、准确地对全国医院的质量和风险进行了有效评估，那么推倒重来的新一轮评审工作自然毫无必要——监管部门只需重点关注此前评审结果不佳的医院即可，在给低风险医院喘息空间的同时，也减少自身的监管负担。

二、基于统计回归的专家排序

2017 年 9 月，国务院印发了《关于取消一批行政许可事项的决定》（以下简称《决定》），取消了国家卫计委对各省、自治区、直辖市三级综合医院评审结果的复核与评价权，并要求各级评审委员会真正做到"去行政化"；《决定》还进一步要求监管部门要尽快实现从评审主体向监督主体的法律关系转换，将规则制定和维护的"裁判员"角色让渡给第

---

① P 为 Plan（计划），D 为 Do（执行），C 为 Check（检查），A 为 Act（行动）。

三方。[1] 评审权下放是出于同国际接轨的综合考虑：目前，世界主流的医院评审体系多采纳了基于统计回归的专家排序路径，部分由政府监管部门主导，部分由第三方机构进行。

回顾我国此前医院分级评审制度的演进历程，在管办不分的医疗保健服务供给体制下，自上而下的规则设计存在指标不合理、过程不透明、结果不公平等问题。基于统计回归的专家排序，则试图以"更合理的指标"和"更透明的专家决策"，来达至"更公平的结果"，其理论渊源可以追溯至唐娜贝蒂安于1966年提出的三维质量评价理论，其认为医疗保健服务中结构、过程和结果三者之间呈线性关系——健全的结构可以改良过程，而良好的过程能够促进良好的结果。[2] 在唐氏三维质量评价理论的指导下，各发达国家根据自身公共卫生领域现状，创造出了不尽相同的基于统计回归的专家排序方法，有些还成为国际规范。例如，将质量管理和持续绩效提升贯穿始终的美国JCI认证、完全依赖测评工具和可比性资料的澳大利亚EQuIP评审、重视现场勘查和专家解读的日本医院机能评价等。

基于统计回归的专家排序的实践摸索，早于国务院发文之前。2008年，海南省医院评鉴暨医疗质量监管中心在全国率先实践"独立第三方"外部评审和风险监管的创新机制，以"围评价期"理论为指导，融合了追踪方法学（TM）、根本原因分析（RCA）、品质管理圈（QCC）和平衡计分卡（BSC）等多重品质管理工具，构建了前期、中期和后期"耦合、联动、持续、循环"的长效医院评审模式，并在全国范围内推广。[3] 借鉴"海南模式"，我国台湾地区学者提出试图通过层次分析法（AHP）和灰色关联分析法（GRA）来构建医院风险和绩效管理模型。2016年，卫计委颁布《医疗质量管理办法》，以行政法规的方式鼓励采取全面质量管理（TQC）和疾病诊断相关组绩效评价（DRGs）等统计回归方式促进医疗质量的持续改进。[4] 与狂热追捧统计回归方式并行不悖的是，第三方评审

---

① 国发〔2017〕46号。

② 参见 Avedis Donabedian, Evaluating the Quality of Medical Care, 44 *The Milbank Memorial Fund Quarterly* 3, 1966, pp. 166-206。

③ 梁铭会、董四平、刘庭芳：《追踪方法学（TM）在医院评价工作中的应用研究》，《中国医院管理》2012年第1期。

④ 参见 Cheng-Ru Wu, Che-Wei Chang, and Hung-Lung Lin, A Fuzzy ANP-Based Approach to Evaluate Medical Organizational Performance, 19 *Information and Management Sciences* 1, 2008, pp. 53-74。

机构空前强调"专家排序"的重要性。从 2010 年起，复旦大学医院管理研究所开始进行中国百佳医院和专科领域十佳医院排名，评选出全国范围内综合能力排名前一百的医院以及 40 个专科领域全国排名前十的医院。每年 4 月，研究所通过挂号信或电话访问的方式联系中华医学会和医师学会的上千名专家，请他们综合考虑"学科建设、临床技术与医疗质量、科研水平"等三方面因素，对国内医院的综合能力和专业实力进行评选。研究所对专家投票结果进行加权统计后，首先形成不同临床专科的医院排行，再结合医院 SCI 发文数量和获奖情况，形成全国医院综合排行。

从唐氏三维质量评价理论来看，基于统计回归的专家排序明显优于基于既定规则的等级评审，因为后者的各类风险指标过度集中于结果层面，缺少对结构和过程两大维度的评价。多维度统计回归工具的使用和跟踪长效机制的引入，在一定程度上促进了"以评促建、以评促改、评建并举"，但许多问题也由此产生。其一，在医院评审"去行政化"的大背景下，基于统计回归的专家排序得到监管部门默许甚至推崇，以至于各类统计方法和结果可以不经审查就直接公之于众，毫无程序正当可言，指标的可行性、有效性及稳定性经不起信度及效度检验。其二，虽然多重统计回归工具和品质管理工具得以充分应用，但几乎所有第三方机构都存在调研能力不足的状况，无力使用失效模式与效应分析（FMEA）、负向标杆管理（N-BMK）等风控工具对医院安全隐患进行预测，使得医疗服务中结果和结构之间的线性关联链条被打断，唐氏三维质量评价理论良好适用的逻辑基础不复存在。其三，基于统计回归的专家排序产生了新的"过程不透明"问题。以中国百佳医院和专科领域十佳医院排行榜为例，用社会声誉来反映医院的服务过程、用可持续发展能力来反映医院的综合科研能力的处理方式可谓大胆而创新，但是这些优点迅速被其固有缺陷所抵消：历届医院排名从不公布参评医院的样本、数量和各指标加权幅度，广大病患对排名结果喜闻乐见，却对排序过程在所不问。

针对专家排序的最有力质疑，聚焦于专家决策的一致性和准确性。之所以引入专家决策，是因为统计回归模型的各项指标难以吸收医疗领域的各类默会知识。例如，医生出诊率较高说明医院管理更好吗？未必，因为医生在出诊之外，还必须有充足的时间进行医学实验和学术研究，这些都是医生的本职工作。从诠释法学的视角来看，专家决策可以避免因信息误导造成的统计结果偏差，还能从资深业内人士角度使结果和信息的解释获得必要的弹性。即便如此，近 20 年的实证研究几乎一边倒地证明，无论是何种类型的评审或排序、无论对经验和隐性知识的需求有多高，专家决策都不能带来比普通统计预测模型更优的结果，[①] 在突发心脏病预防、[②] 精神病学和神经心理学诊断等方面班班可考。[③] 2019 年，复旦大学医院管理研究所在医院排序时共向 4173 位专家发出挂号信，收到有效回执 2657 份，回复率为 63%，比 2010 年 44% 的回复率有了显著提升，[④] 但是，这些分布在不同地区和不同临床专业的专家们，真的能够代表上亿名患者对全国范围内的医院给出具有可比性的评分吗？考虑到这些医院排行没有严格遵守古典德尔菲法要求的"多轮双向匿名反馈"的调查方法，答案显然是否定的。

三、基于机器学习的算法治理

医院的分级评审的初衷，在于优化医疗资源配置：通过促进医院间的病理分流和多向转诊，让区域病疫风险"可防可控"。然而，无论是基于既定规则的等级评审，还是基于统计回归的专家排序，显然在效果上背离了上述初衷。医疗服务的效果具有不可逆的特征，关乎患者的"生死存亡"，在市场信息严重不对等的情况下，政府主导的分级评审结果和第三方机构给出的专家排序成为广大病患唯一可以抓住的"救命稻草"，这使得三甲医院门庭若市，基层医疗机构门可罗雀，排行榜之外的医院无人问津，只能通过购买搜索引擎关键词的方式获取流量。

在指标选取方面，基于统计回归的专家排序和基于既定规则的等级评审相差无几，两种路径都充斥着大量仅凭直觉或约定俗成的先验指标：对医院的硬件规模和科研实力过于重视，却长期忽略患者的真实就医体验。在看清了评审的实质后，有些地方医院为"争级上等"可谓不遗余力，投机性地通过增加医疗设备数量、引入正高职称人才的方式左

---

① 参见 Daniel Kahneman, *Fast and Slow Thinking*, Allen Lane and Penguin Books, 2011, pp. 161–163。

② Kerry L. Lee et al. , Predicting Outcome in Coronary Disease Statistical Models Versus Expert Clinicians, 80 *The American Journal of Medicine* 4, 1986, p. 553.

③ Dano A. Leli, Susan B. Filskov, Clinical Detection of Intellectual Deterioration Associated with Brain Damage, 40 *Journal of Clinical Psychology* 6, 1984, p. 1435.

④ 参见复旦大学医院管理研究所官网，http://www.fudanmed.com/institute/news222.aspx，最后访问日期：2020 年 3 月 10 日。

右评审和排序结果，甚至将发表高影响因子的论文视为比救死扶伤更重要的工作。

综上所述，如果我国下一轮医院评审只是在形式上实现了从政府向第三方机构"放管服"，只是在方法论上完成了从基于既定规则的等级评审向基于统计回归的专家排序的转变，将无助于"推进卫生健康基本公共服务均等化、普惠化、便捷化和公共资源向基层延伸"，更不能在实质上提升监管部门应对"突发公共卫生事件"的能力。说到底，若评审不科学，则结果无意义——迄今为止的各种努力，最终都陷入了"形式主义"和"唯方法论"的伦理窘境。

近年来，大数据和人工智能等技术的发展，为公共治理领域的监管提供了独树一帜的解决方案。[1] 理论界和实务界的共同乐观并非痴人说梦。[2] 其一，大数据的"自然积累"彻底颠覆统计学意义上的"数据收集"。例如，用户可以在网上自行填报，获取属于自己的二维健康码，作为特殊时期通行出入的电子凭证。其二，机器学习技术的发展，促进了风险评估的"自动化"。通过合理的算法，机器学习模型可以从海量的大数据中识别隐藏的模式、规律和倾向，并输出具有明确指向性的预测或评估。例如，将千万人的行程轨迹载入机器学习模型，结合不同区域的确诊分布，就能粗略评估个体感染的风险概率。其三，卷积神经网络方法进一步提升了机器学习模型的层次和复杂程度，使得内建分层网络获取多层次特征信息成为可能，有望攻破过去需要人工确定指标的重要难题——相互叠加的算法可以根据不同维度的输入信息和各类变量自行探寻能够获得最合理输出的风险指标。[3] 外于语言、超乎实证，算法在诠释法学的意义上属于即便通过各种解释之间的冲突也难以获悉被解释的存在，其复杂性远超任何既定规则和统计回归方法，无法用普通人的逻辑和语言进行表达，自然，专家决策也就被排除在外。

算法治理的核心在于，从对规整对象既存状态的分级评审，转化为根

---

① 吴汉东：《人工智能时代的制度安排与法律规制》，《法律科学（西北政法大学学报）》2017 年第 5 期；邢会强：《大数据交易背景下个人信息财产权的分配与实现机制》，《法学评论》2019 年第 6 期。

② 韩水法：《人工智能时代的人文主义》，《中国社会科学》2019 年第 6 期。

③ C. Coglianese，D. Lehr，Regulating by Robot：Administrative Decision Making in the Machine-Learning Era，105 *Georgetown Law Journal*，2016，p. 1147.

据文本片段和规范信息进行的动态评价计算，目的是将主观与客观因素、偶然与必然结果之间的盖然性一览无余，促进监管部门的正面价值取向和技术规制的中立精神相互增益。与此同时，其思维本质从决定论向概率论的跳跃，将使算法治理内在的解释与商谈从"利益主导话语权"的批判法学主张向"各方互动合力"的、具有民主色彩的实验主义法学迈进。机器学习模型不会拘泥于主观价值判断，甚至不会受制于过往经验与事实造就的充满内在矛盾和主观间性的现有评价体系，而是在海量的大数据和文本中筛选出最能显示风险特征的维度或论题，对其进行逻辑嵌套与循环递归以寻求建立全新共识的种种可能性。这种评价的自创生实属破坏性创新，目的是要挣脱既定规则的相互掣肘，也或多或少具有彭加乐"约定主义"的特征，主张经验中出现的事实可以融会到无限不同假设构造中的任何一种。以算法治理取代传统风险评估的实践，已有先例可循。美国国税局使用机器学习模型优先处理个体经营者和最有可能逃税的小企业的税收，并对纳税申报单进行审核；我国公安部门的犯罪预测系统已覆盖超过百种常见的违法犯罪行为，犯罪治理活动逐步从事后打击转为事前预防。[①] 在公共卫生领域，英国医院分级评审率先步入算法治理的轨道：英国监理质量委员会从 2013 年开始着手建立智能评级系统，利用算法每 4 至 6 个月更新一次风险指标库。[②] 从能力范围来看，算法治理超越传统医院分级评审，不仅能借助"互联网+"重塑分级诊疗机制，还能同时促进国家医疗战略物资储备制度的构建和疫情防控预警预测机制的完善。

公共卫生领域风险评估方式的嬗变，印证了"以缺陷为代价的解决方案不能长久"的法伦理，在谨慎乐观的同时，我们不得不心生警惕，以公共目标为导向的算法治理是否存在边界？算法治理固然不可能完美无瑕，究竟遵循怎样的信息化程序，才能更好地兑现公共卫生领域风险评估先行的监管承诺？进而言之，法律将如何影响算法？算法代码的字里行间又将如何体现法律？

---

① 马德林：《互联网技术带给中国社会治安"全新可能性"》，"中国新闻网"搜狐号，2016 年 10 月 13 日，https://www.sohu.com/a/116059925_ 123753。

② Anne-Laure Beaussier, et al., Accounting for Failure: Risk-Based Regulation and the Problems of Ensuring Healthcare Quality in the NHS, 18 *Health, Risk & Society* 3-4, 2016, pp.205-206.

第二节 公共卫生领域算法治理的规范性
分析及实现路径

本质上，风险指标的选取是一个关涉"规范内涵和事实结构"的法律命题，从未突破"价值判断标准客观化"的藩篱。就像法官在寻求案件适用的法律规范时，需要通过准确无误的判断和联想找到适当的规范禀赋那般，我们期望机器学习模型在将大量规范、解释和事实都纳入运算范围之后，通过对信息和文本的交互参考来模拟自然人的理性判断，逐步筛选出（甚至创造出）可以被解释的规范所涵摄的各项指标。这正是算法治理的智能所在——它不依赖于既定的经验和知识，而是在机器学习过程中形成对底层数据的独特理解，它顺从又超越法律概念涵摄和类型归属进行拉伦茨所称的"一种为获得知识而进行的，有计划的活动"——法律续造。①

一、算法治理的正当性依据

一般而言，只要传统医院分级评审方式的指标选取具有显著缺陷，通过算法选择更优指标的行为就具有合理性，更何况，机器学习模型还能通过对大数据的挖掘识别一般人根本不会注意到的隐性规律和模式。诚然，基于统计回归的专家排序和基于既定规则的等级评审皆因指标的先验性饱受诟病，但这种诟病足以被视为对其规整范围内的特定事实缺乏适当规范的规则性漏洞吗？毕竟，从历次医院审查中沿袭下来的惯用指标，以及在世界范围内通行的支配性判定标准，都可被视为经过对话和论证程序的、经得起时间考验的共识，符合法哲学家所界定的"正义的标准"。② 问题的本源在于，机器通过学习所获得的"知识"是否一定优于自然人从过

---

① ［德］卡尔·拉伦茨：《法学方法论》，陈爱娥译，商务印书馆 2003 年版，引言第 19 页。

② ［奥］伊尔玛·塔麦洛：《现代逻辑在法律中的应用擎》，李振江等译，中国法制出版社 2012 年版，第 1—6 页。

往经验和社会生活中获得的"知识"?

遍览现行所有公共卫生领域的风险评估指标,可以将其大致划分为三类:①投入类指标,例如规模床位、设施设备、科研积累等;②服务类指标,例如营养人员与床位比、技术操作规范、收费标准等;③结果类指标,例如入院诊断与出院诊断符合率、无菌手术切口甲级愈合率、医院感染漏报率等。单从常识就能看出,投入类指标本身就可被视为服务类指标的最佳预测性指标:规模更大、设施更齐全、科研实力更强的医院,必然能够提供更好的医疗服务。同理,投入类指标和服务类指标将同时对结果类指标产生重大影响:无论是什么疑难杂症,综合医院定然比社区卫生服务机构具有更高的抢救成功率,此间的逻辑关系,是级别更高的医院具有提供更好医疗服务的禀赋,而非医院因为提供了更好的服务所以被评定为更高的级别。算法治理优于自然人评价的可能之处就在于其能够跳出既有标准的重叠指涉,摆脱"感觉主义和先验的唯理主义强加的负担",根据要"履行的操作以及由这些操作的结果对观念有效性的检验",① 补充、加强甚至颠覆现有的评价体系。

在这个意义上,人们对算法治理抱有的普遍期待是,机器学习模型能够在海量大数据中"眼光往返流转",不受既有规则的遮蔽、忽视重复细节对结果处理的现实意义,通过高频次的拟合甚至仿生尝试,求解出堪称圆满的整体性规则。这种续造规则的圆满性,以之前规则——即各项传统风险指标——已被证明的重叠指涉性为合法依据。然而,经验表明,在风险评估方面,并非全知全能的指标选择,才能得到符合法律规范的"正确"结果。在公共卫生领域,不少基于统计回归的专家排序甚至刻意简化各项指标来彰显其特色和侧重。例如,澳大利亚的 EQuIP 评审从"病患视角"另辟蹊径,重点关注患者"检查、诊断、治疗、转科、出院、随访期间"的服务感受和潜在障碍,对难以同医疗机构进行双向反馈的临床服务绩效信息不予关注。复旦大学医院管理研究所在中国百佳医院和专科领域十佳医院排行中,刻意剔除病死率和安全事故率等结果类指标,实为避免"供给诱导需求"道德风险的创新尝试,理论依据是唐氏三维质量评价理论重视结构和过程对结果导向的纠偏。甚至有学者指出,衡量

① [美] 约翰·杜威:《追求确定性》,傅统先译,上海人民出版社 2005 年版,第 114 页。

质量的唯一有意义的方法是评估"收益"，即患者在医疗服务中获得的"价值"，① 这意味着将完全剔除投入类指标和结果类指标，唯"服务类指标"是举。即便可以证明，机器学习模型将更多的信息纳入其考量范围，在算法中也确实囊括了更多维度的风险指标，我们也无法因此得出算法相对于既定规则或专家排序具有更高规则圆满性的结论，因为，至少在适配性和可解释性方面，算法治理并没有明显的优势，甚至会因为可解释性的匮乏导致被撤销的法律效果。② 反对的观点指出，从波纳西茨中心度的方法来看，卷积神经网络不过是一种"指数级地将既定规则复杂化"的方式罢了。③

在规则圆满性无法验证的情况下，基于机器学习的算法治理就只能从监管目的及监管效果中寻求正当性根源。从过往经验来看，无论是基于既定规则的等级评审，还是基于统计回归的专家排序，在结果上均不能清晰而准确地反映公共卫生领域的资源失衡状况和潜在风险指数，全然无助于风险评估先行的监管实践。本来旨在优化医疗资源配置的评审工作反而导致了医疗机构的盲目扩张和重复建设，本来有望促进监管部门进行分级管理的医院排序最终沦为广大病患的声誉参考，其准确性和客观性还有待进一步考证。因此，只有在结果上成为监管部门风险评估先行监管路径的"最优解"，或至少成为相对于基于既定规则的等级评审和基于统计回归的专家排序的"更优解"，基于机器学习的算法治理才具有正当性。

二、模型求解过程与规范续造边界

为了在公共卫生领域达成上述目标，基于机器学习的算法治理应当如何构建呢？纵观机器学习的历史，从20世纪80年代以仿生学为基础的感知机（Perceptron），到90年代完全基于数理逻辑的支持向量机（Support Vector Machine），再到21世纪基于神经网络的深度学习（Deep Learning），大致契合了从既定规则向统计回归再转向机器自动化的跃迁轨迹，这背后是符号主义和连接主义从正面冲突走向对立统一的艰苦历

---

① 参见 Graham Gibbs, *Dimensions of Quality*, York：Higher Education Academy, 2010, pp. 1-11。
② 解正山：《算法决策规制——以算法"解释权"为中心》，《现代法学》2020年第1期。
③ Tim Miller, Piers Howe, and Liz Sonenberg, Explainable AI: Beware of Inmates Running the Asylum, *Arxiv Preprint Arxiv*, 2017, p. 1712.

程。当下机器学习模型"生成式学习"和"判别式学习"的两种基本架构，正对应着连接主义和符号主义的不同思维模式：前者通过对自然人思维和感官的"仿生"映射出具有指向性的标签化结果，后者则在生成对抗网络的支持下"左右互搏"，不断刺激生成器和判别器拟合出全新结果。①

在求解指标的运算过程中，机器学习模型并非将既存一般性规范局限到特定指标，而是在给定范围的区间内，创造出具有一般性规范特征的全新指标。在这个意义上，机器学习模型的独特价值在于实现自然人力所不逮的"温故而知新"——在看似毫无关联的海量信息和文本中，挖掘出具有重大意义的内在规律，以人机共同作业的方式来构筑成文法体制下逻辑法学式的推理和演绎，并在此基础上适度创新。由此可见，较之于"判别式学习"构架，"生成式学习"构架不仅能在既有资源下穷尽一切指标搭配组合，还能通过"眼光往返流转"的过程真正实现"知识创造"，更能够满足公共卫生领域的算法治理所需。

机器学习模型进行类似于"法律续造"的规范性风险指标求解，模拟的其实是法诠释学上从特殊性事务到一般性事务的推论过程。② 所有被求解出的指标，其共通的价值理由不仅适用于拟被纳入评价体系的所有医疗保健机构，也同样适用于类似的情境或具有相近要件构成的风险评估体系中。就此而论，机器学习模型的求解过程具有"目的论扩张"的特性，反过来也必然受到"目的性考量"的拘束：人工智能技术应当致力于推进而非借助技术优势推翻长期达成的、普遍承认的价值思考方式，更不能在代码程序中"夹带私货"。就像行政官员必须以"社会中具有支配力的法伦理"为其行为标准一样，人工智能介入公共卫生领域的风险评估，首先应该尊重传统评审机制所保留的"共同意识"，即哈特曼所称的"客观精神"；③ 机器学习模型进一步的评估行为以及规范续造，在一定界限内，必须以先决的价值规范为基准。齐佩利乌斯指出："一致的价值规范

---

① 栗峥：《人工智能与事实认定》，《法学研究》2020 年第 1 期。
② Claus-Wilhelm Canaris, *Die Feststellung von Lücken im Gesetz*, Duncker und Humblot, 1983, p. 97.
③ Roberto Poli, Carlo Scognamiglio and Frederic Tremblay, eds., *The Philosophy of Nicolai Hartmann*, Walter de Gruyter, 2011, p. 66.

是认识正义的基础。"[①] 这将要求机器学习模型在"生成式学习"的操作层面，采用大致类似的自动化处理流程，确保对实现规范所定条件的信息和文本，以及依照对这些信息和文本进行解释取得的概念界定，给予具备横向可比性且前后啮合的处理方式。在上述认知的基础上，算法治理的问题就又转化为指导机器学习模型运作的算法应当如何选择。

三、合规导向的算法构建思路

考虑到算法治理的正当性源于其能够更好地促进风险评估先行监管实践，而公共卫生领域风险评估的规整意向、计划及其内含目的拘束已经为机器学习模型的"法律续造"划定了边界，各类风险指标的求解和生成，务必要回归医院分级评审的"初心"，以科学性、规范性和中立性的彼此调和为其"实践理性"；法律和算法之间的互动从中可以窥见一斑。从基于既定规则的等级评审到基于统计回归的专家排序，再到基于机器学习的算法治理，风险指标的选取由自然人向自动化机器过渡，但所有的风险指标"依其位阶衡量轻重"的评估逻辑始终没有发生改变。鉴于此，用于缩小增量排序的希尔排序算法，或能有效提升风险指标加权排序的效率，筛选出能更精确映射正常价值秩序的指标组合。

1. 希尔排序算法

希尔排序算法的基本思想是：假设待排序的指标序列有多个指标，根据拟构建的风险排序模型的复杂程度，取一个整数 n 作为间隔，将全部指标分为 n 个子序列。所有距离为 n 的指标将被归于同一个子序列，在每个子序列中分别进行直接插入排序。随着大数据的增长，监管部门可以通过缩小间隔 n 的方式，不断重复子序列的划分和排序过程，以求得"颗粒度更细"的风险排序方式。希尔排序算法的优点在于，可以根据可用信息的多少，灵活控制间隔差值且不会影响排序速度。n 的值越大，风险指标的子序列分类越少，模型具有更高的稳定性；n 的值越小，风险指标的子序列分类越多，模型具有更强的风险预测能力。不过，依照此算法构建的模型可解释性极低：对希尔排序算法的时间复杂度分析非常困难，只在

---

① Reinhold Zippelius, *Das Wesen des Rechts*: *Eine Einführung in die Rechtsphilosophie*, CH Beck, 1997, p. 116.

极少的情况下，专业人士可以从运算结果反向推算排序码的比较次数和元素的移动情况。除此之外，想要弄明白排序码比较次数和元素移动情况与增量选择之间的线性关系，并给出完整的数学分析，基本不可能。[①]

缺乏可解释性是公共治理领域人工智能应用的大忌，究其根源，我们处在一个公众问责空前加强的年代，保障公众"知情权、参与权、表达权、监督权"的施政理念是推进社会主义民主法治建设的重中之重。任何新技术的部署都必然被置于传媒与社会持续性互动的场域之中，"算法解释权制度也应进行重构，应当根据自动化决策所处的行业领域、市场化程度、个案影响、企业能力而对其内容、程度、时间和方式作不同要求"。[②]

无论是基于统计回归的专家排序，还是基于既定规则的等级评审，其背后的"指标之法"早已被拟规整、与之相关的自然或社会关系所预先限定。作为行业"内法"，医院评审的各项隐性或显性指标是医疗从业者需要去遵守和维护的柔性指引（例如，事故率、就诊病人综合满意度），是同行业发展息息相关的硬性要求（例如，卫生技术人员学位数、重症医学科床位数），是约束医疗机构健康发展的良性规定（例如，行风建设、平均住院日），简言之，是将构成性规定作为产生特定行为方式的前提条件的法律规则，是规范而非随意的陈述。想要通过规范来实现准确风险评估的医疗监管部门，必将受到规整的企图、合目的性考量的影响，最终又将以评价为基础。因此，要正确选取评审指标就必须充分挖掘各项指标所潜藏的评价及该评价的作用范围。进而，在医院评审中，样本信息拟归向的规则或规范本身须经解释，以确定该指标就该信息的精确意义为何。在这样的可解释性要求下，用于公共卫生领域的风险评估算法必将从难以解释的排序路径向易于解释的聚类或分类路径转换。

2. 聚类算法

英国监理质量委员会并未公布其智能评级系统的元算法，但是根据描述，该算法可能是最容易操作的 K 均值聚类算法，因为只有这类算法才能为监理质量委员会的风险评估结果提供合乎情理的解释，确保智能评级

---

① 参见何智鹏等《采用质因子分解法与希尔排序算法的 MMC 电容均压策略》，《中国电机工程学报》2015 年第 12 期。

② 参见丁晓东《基于信任的自动化决策：算法解释权的原理反思与制度重构》，《中国法学》2022 年第 1 期。

系统符合英国政府《数据伦理框架》。[1] K 均值聚类算法的目的是最小化群集惯性因子，它利用机器学习模型识别出大数据中潜在的结构或模式，使来自相同聚类或组别的元素比来自不同聚类或组别的元素更相似，借此来凸显具有更高响应度的风险指标。[2] 在商业上，K 均值聚类算法常用于消费者行为模式的辨识，而患者亦是医疗服务中的消费者。顺着这个思路，监管部门可以以医疗数据库为基础，找到不同种类疾病的最佳质心，从而决定患者样本的簇类别，利用平方欧几里得距离将病患信息分配给各个类别，并多次重复初始化过程以解决非凸函数难以收敛到局部最优的问题。然而，K 均值聚类算法对非球形群体的识别效果欠佳，难以适用于我国公共卫生领域的算法治理。我国医疗数据库中现有的各类可量化指标主要来自各医院的填报，监管部门虽有审核权限却不具备一一现场核实的能力，使得虚报和瞒报等机会主义行为层出不穷。打个不恰当的比方，各地粮仓历年向中央汇报都是库存充足、米面无忧，缘何一开展大清查、巡视组入驻，就频频"火烧连营"呢？[3]

3. C4.5 分类算法

相较于聚类算法，分类算法可以更好地解决群体识别问题，且不以算法可解释性的牺牲为代价。应用最广泛的分类算法是 C4.5 算法，由 ID3 算法拓展而来。C4.5 算法可以用于将具有多维特征的多个指标分配进不同类别中，以"投影"的方式，将多样属性指标类别标签化。可以将分类的过程视为一棵"决策树"，每次通过选择不同的属性来进行分叉。例如，在医院风险评估中，可以分别建立一个反映各类风险指标的属性集 A = ｛依法执业，医疗安全，诚信执业，行风建设，重大事件，指令性任务，突发公共卫生事件，病理学指标｝，一个类别集合 L = ｛提高风险评级，降低风险评级，维持评级，勒令整改｝，属性和类别集合划分越细，模型的复杂程度越高。C4.5 算法的第一步是分别计算每个属性和每种类别的信息熵，即各种属性和类别各自可能出现的不确定性之和。信息熵的值越大，表明该属性或类别的样本越不纯，将数据厘清所需的信息量

---

① Data Ethics Framework, Art. 6 (Updated Aug 2018).

② 参见［美］迈克尔·西普塞《计算理论导引》，段磊等译，机械工业出版社 2015 年版，第 96—114 页。

③ 吕方锐、陈锋：《全国多地粮库传言失火 均否认与粮库大清查有关》，华夏时报网，2018 年 8 月 3 日，https://www.chinatimes.net.cn/article/79046.html。

就越大。第二步，计算信息增益确定特征指标。信息增益为类别信息熵和属性信息熵的差值，反映了信息不确定性减少的程度。一个属性信息增益越大，说明利用该属性进行样本划分能更好降低不确定性。在这一步，算法模型对医院风险评估中的可用指标，进行了自己的判断和抉择，部分指标被剔除或维持"有意义的沉默"状态。第三步，计算属性的分裂信息度量，即将各属性"上树"，开始分叉的过程。数据量的大小和数据收集周期的不同，不同的属性有着不同的数量和尺寸，这些信息是属性的内在信息。信息增益和内在信息的比值为信息增益率，反映了属性的重要性随内在信息的增大而减少。算法模型将筛选出信息增益率最高的指标作为"叶子节点"，利用不"纯"的节点进行继续分裂，就像构建一棵树那样，完成对各个风险指标的吸收与积累，进而兑现合理归类的承诺。

从上述拆解来看，算法可解释性要求——或其他任何法律意义上的合规限制，已经可以完全深入机器学习模型和算法的构造层面而非仅仅停留于以概括形式固定法规范的一般性规则层面。算法治理的构建路径不一而足，但其本质是经由多个彼此之间相互"卷积"的机器学习模型——其函数联结和指标生成满足起码的、可被检验的一致性和规范性要求——所构成的治理体系。需要关注的是，算法治理在理论上的实现并不等同于现实意义上的有效实现。"操作方式"需与"法律保障"相辅相成，才能逐级克服算法治理的潜在缺陷，最大化风险评估先行治理路径可能带来的社会效益。

第三节　从价值秩序到法律保障：公共卫生领域的多元共治体系

和一般的法条并无二致，医院评审的各项规则首先是陈述性的，因为它们指出了受评医院在理想状态下之应然；同时，这些规则又是规范性的，直接作出了规定、给予或拒否的表示。相较于规范性功能而言，规则的陈述性功能居于次要地位。机器学习模型所依赖的算法，无论是 K 均值聚类算法、希尔排序还是 C4.5 算法，本身都不具备陈述性，也不具备规范性，一旦它们结构性地嵌入社会权力运行系统，将以"持续控制形式"干预、引导和改造日常社会互动，[①] 可见"算法即法律"之洞见所言不虚。[②] 法律关系的根本性重塑呼吁"构建一体融合的法律体系，探索新型的代码规制方式，塑造高度自主的精细化治理秩序"，[③] 这也是公共卫生领域算法治理所必需的基本法律保障。概而论之，利用算法实现风险评估先行的监管路径所面临的法律挑战不仅仅是"更复杂的技术"以及"更多的信息"对个人权利的侵蚀乃至剥夺，更是在监管职能和个人信息归属日趋分散的背景下，[④] 如何构建适当的法律制度来避免算法外部性的弥散和不合理转嫁。归根结底，这是关于治理合法性的保证。

一、宏观政策法规保障行业联动

理想的情况下，准确的医院分级评审结果或具有多样化的用途。对于参评的各医疗保健机构而言，它是可以用于改良医疗服务、提升应急能力的实时综合评价；对于中央监管部门和地方监管部门而言，它是卫生执法监督体系中监管资源调配的辅助工具，也是突发公共卫生事件中掌握疫情动态、明确防控重点的决策依据；当然，对于广大病患而言，它也可以是入院就诊的声誉参考。无论被重点作为哪一种用途，医疗保健机构的风险评估结果都具有消费的不排他性、效用的不可分割性以及受益的不可阻止性，即在给定的生产水平下，作为信息使用者的医疗机构、监管部门和患者额外获取或使用此类信息的边际成本为零，任何人对它的使用都不会减少或排斥其他人的使用。因此，医疗保健机构的风险评估结果是一种典型的提供给全社会使用的公共物品。

众所周知，公共物品只能由政府来提供，因为消费者一旦认识到自己的机会成本为零，他就会尽可能减少换取消费公共物品权利的对价，使得市场机制分配给公共物品生产的资源处于帕累托最优之下。当消费者的给付不足以弥补公共物品的生产成本时，将诱发公共物品提供者变相创收的道德窘境，势必会降低公共物品的品质。政府主导医院分级评审的合法性

---

①　张凌寒：《算法权力的兴起、异化及法律规制》，《法商研究》2019 年第 4 期。

②　蒋舸：《作为算法的法律》，《清华法学》2019 年第 1 期。

③　马长山：《智能互联网时代的法律变革》，《法学研究》2018 年第 4 期。

④　余盛峰：《全球信息化秩序下的法律革命》，《环球法律评论》2013 年第 5 期。

正源于此，而且，公共物品的生产成本越高昂，就越需要有公信力的政府发挥效用。基于既定规则的等级评审和基于统计回归的专家排序尚可以交由第三方机构以立项获取财政拨款的形式完成，基于机器学习的算法治理则只能由政府部门牵头，推动不同的公共管理部门同私营部门紧密合作，才有可能取得成功。公共卫生领域算法治理的实现，必须以规模足够庞大的医疗数据库以及分布相对均匀的病患样本为基础，必须依靠完整的、实时的、多渠道的数据信息链才能获得可靠的风险评估结果。尤其是医疗服务中的诸多细枝末节也必须包括在内，例如一次完整的就诊过程中各个时间节点的评价与互动、历次预防保健工作中已经司空见惯的临床流行病学调查结果等，否则机器学习模型的潜力将无法完全发挥。但是，符合国家统一标准、超大型数据库的建立以及在相当长一段时间内合格患者的样本采集，定然是一项任重而道远的社会工程，需要强有力的政策、法律和国家财政的支持。

可以预见，未来数十年循序渐进"补短板"的卫生投入，多数将用于公共卫生基础设施的建设。与此同时，2019 年《政府工作报告》中新基建所重点关注的技术领域，与算法治理赖以实现的各关键共性技术领域不谋而合。2020 年 3 月，中共中央政治局常务委员会会议特别指出，应加大公共卫生领域的新基建，确保应急物资保障领域的技术发展和资金注入。虽然我国下一轮医院分级评审或难以完全交由人工智能实现，但在党中央高度关注、新基建逐步落地的大背景下，公共卫生领域"政府主导、各数据所有者积极配合"的算法治理势在必行。

作为化危机为契机的重要手段，算法治理必然带来政府职能的结构性转变。虽说"政府主导"，但国务院《决定》等文件中的"简政放权"精神依然应当得以贯彻和落实——在基于既定规则的等级评审中是"政府主导评审"，在基于机器学习的算法治理中就应当转变为"政府主导扶持"。

其一，算法治理的兴起必然催生新型的监管分析师职业。机器学习模型虽然具有指数级优于自然人的算力，但由于大数据的结构化处理尚不能自动完成，监管部门的人力资源上限将成为阻碍机器学习模型发挥实力的瓶颈。英国监理质量委员会智能评级系统常因处理信息旷日持久而备受非议，如果不能依照即时信息"以变应变"，算法治理充其量只能算作用计算机化的手段模拟基于统计回归的专家排序而已；与其无休止地规定信息的"真实性"，不如为信息的"及时性"提供法律保障。可以想象，未来监管部门的大量基层尽职调查人员，将不得不向负责信息处理的监管分析师转型。应当出台相应的行业规章制度，对不同部门、不同类型监管分析师的知识、技能、学历等任职资格进行统一规定。

其二，算法治理需要大范围、多部门、众行业的信息共享，以便更完整地覆盖同公共卫生相关的活动、业务和流程，以行政手段带来的"社会共律"是对社会个体普遍自律不足的必要补充，扩大信息挖掘范围、拓展算法应用场景，将有助于达成精确的"网格化管理"、提升社会管控能力、消除密闭空间内人与人之间的相互不信任。行政法学作为调控之学，应当针对新型的数字权利，例如，健康检查权和合理推论权等，广泛吸纳"区分又整合的观点"对事实领域进行精确分析，经由类型化发展出一般性法律思想和原则，再与民法领域的数字人格权的主张相衔接，为信息共享和平台互联提供法律保障。

需要指出的是，"政府主导、各信息所有者积极配合"的治理结构，意味着传统权力专属原则和正当程序原则极有可能因"权力外包"被架空。掌握大数据的私营企业和平台看似被公权力"收编"，实则可能滥用"准公权力"所赋予的特别地位随意配置社会资源，促进自身商业版图的扩张；生产个人信息和积累行为剩余，或已成为个体受众在"监视资本主义"下的最大价值。掌握个人信息的企业和平台寡头横亘在政府与公众之间，形成了公权力、私权力和私权利的多方博弈格局，[①] 外溢出来的准公权力必须予以规制，否则将带来权力私有化和商品化的异化风险。政府部门应当限定与之合作的企业和平台的信息采集类型、渠道和使用方式，制定信息共享责任清单，并对相对敏感的隐私信息采取加密储存、限制传输、访问控制等安全措施。[②] 在数字化时代的居家办公潮中，视频会议软件提供商 Zoom 就因用户隐私泄露和多个安全漏洞数次道歉。[③] 受政府委托进行信息加工、处理和分析的企业和平台，必须严格遵守相关法律和分工，不得违反协议约定私自备份、二次利用或将医疗信息提供给第三

---

① 马长山：《智能互联网时代的法律变革》，《法学研究》2018 年第 4 期。

② 周汉华：《习近平互联网法治思想研究》，《中国法学》2017 年第 3 期。

③ 牛耕：《Zoom 为泄露视频道歉，过去三个月用户翻了 20 倍》，36 氪网站，2020 年 4 月 7 日，https：//36kr.com/p/1725387505665。

方。信息分级保护的思路还预示着对域外信息规制法律长臂管辖权的适度阻断。[1] 应以国家立法的方式合理构建个人信息所有人（公众）、信息采集方（企业或平台）与信息处理主体（政府部门）之间的信息权益体系，完善科技支撑的社会治理体系。[2]

二、中观价值谱系重构评审规范

从规则形成的角度来看，所有公共卫生领域的风险评估方式，无论是基于既定规则的等级评审，还是基于统计回归的专家排序，甚至是基于机器学习的算法治理，均是人们在繁复且未必令人满意的价值导向的思考之上生发出价值判断形成的契机，又通过监管部门的采纳和批复成为具有指导意义的风险评估方式。在实现风险评估先行的监管路径的首要价值取向之外，监管部门也同时追寻并维护着现行有效的价值规范。这些价值规范彼此之间有着与时俱进的阶层秩序，多数时候完全取决于政策制定者的偏好，但它们决定了机器学习模型的规范续造边界，是算法程序设计和运行必须遵守的元规则。将现行主流评价体系进行梳理和整合，可以发现公共卫生领域世界通行的基本价值结构（如图 6-1 所示）。

上述价值谱系体现出了各国在公共卫生领域为实现风险评估先行的监管路径所做的各项努力。虽然在不同时期各有侧重，但这些价值规范体现出的对指标合理性、目的明确性、评价中立性、审查科学性、标准一贯性以及将临床和预防结合的追求，反映了各国监管部门基于公共卫生领域内在秩序不断将外部实践所得真理融合成一致价值规范的孜孜不倦的努力。近年来，由于基于统计回归的专家排序的盛行，公共卫生领域的多数高阶价值，已经完成了相关信息的稳定收集和结构化改造。对于部分算法无法直接读取和使用的非结构化信息，例如过于主观的患者评价、标准不一的并发症预防规范、难以言传的康复治疗过程等，机器学习模型也可以通过对原始信息和文本的深度挖掘，提取关键特征，通过分布式处理逐渐抽象

---

[1] 参见叶开儒《数据跨境流动规制中的"长臂管辖"》，《法学评论》2020 年第 1 期。

[2] 值得一提的是，2020 年 4 月 9 日，国务院发布《关于构建更加完善的要素市场化配置体制机制的意见》，首次将数据作为新型要素写入中央文件，意味着数据权属将成为市场资源配置的重要前提。但文件中的概念界定，采用了经济学中的产权观念而非法学中的财产观念，可见我国数据立法依然任重而道远。

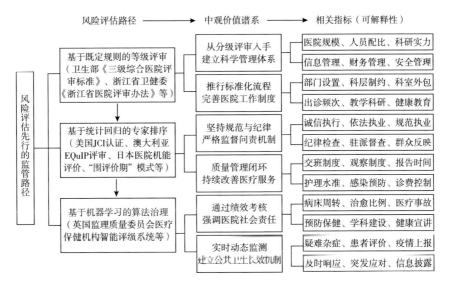

图6-1　公共卫生领域世界通行的基本价值结构

资料来源：作者绘制。

出甚至将其重构为结构化信息。无论采取哪种算法，卷积神经网络能够以组合底层指标、提炼高层指标的方式计算风险指标的权重差值，利用多层级的结构叠列与前后输入的逐步拆解，完成各价值规范之间的阶层排序。就此而论，卷积神经网络并不只是"指数级地将既定规则复杂化"，还是在价值元规则的基础之上周而复始地构建出决定价值阶层秩序的衍生规则。

　　亟待解决的问题是，当下对算法可解释性的硬性要求，虽使得机器模型的求解过程看似可审查，却不足以确保算法将重要的自然人价值规范一以贯之；相关的法律规定只是迫使监管部门加大寻求正当化算法治理的理由而已。在技术黑箱的面纱之下，多少算法治理的尝试并未真正排除监管者和立法者的肆意妄为——在美国，用于家暴防范的儿童保护系统不仅没有大幅降低虐童事件的发生概率，还造成了上万正常父母同其子女的被迫分离；在法国，银行间通用的客户资信考察系统，曾一度拒绝为单亲家庭成员提供住房贷款①——对算法治理的解释是事后添加的，而解释说理的

---

① 参见 Frank Pasquale，*The Black Box Society*，Harvard University Press，2015，pp. 21-53。

方式完全取决于政治目标。即便监管者和立法者的意志被排除在外，谁能保证编码算法的程序员不将自我价值负载强行写入代码之中呢？"法官对于法律用语不可附加任何意义，毋宁须以受法律及立法者拘束的方式，来发现法律的语义内容"，① 而未经系统法律训练的程序员，却只能依照自己对价值元规则的见解以及对立法者意志的揣测，完成机器学习的建模，致使计算机语言不仅不能精确地转译法律规范，还会因为理解偏差使之与正常含义相去甚远。例如，将法律规则编入美国科罗拉多州公共福利系统时，程序员将"无家可归"错误解读为"行乞为生"，使得本应获得政府救济的流浪汉们被算法系统拒之门外。② 面对这种语言理解和事实认定的巨大差异，以过失和疏忽为构成要件的一般侵权责任以及以信义义务为核心的事后审查机制都于事无补。不仅如此，我们能否通过更精确的语言来减少转译过程的偏差和耗散呢？解释确实可以将模糊的概念精确化，但逻辑上的连锁推论，未必就能更好地适用于意义涵摄，因为中间步骤越多，越不能终局地定义概念。③ 在价值陈述方面要做到这一点更是难上加难，正如考夫曼指出的那样："语言的极端精确常以内容意义的极端空洞作为代价。"④

对算法可解释性的法律规定进行补强的解决方案之一，是以成文法的方式，强行要求在机器学习模型环节引入同行评议，由外部同行对模型和算法构建进行审查。英国政府《数据伦理框架》已将法定同行评议视为算法治理的"质量保障"，但从未给出切实可行的操作方案。技术优势方常以专利保护为由，对自己的"算法秘方"三缄其口，但受控文本处理方式下的"适当开源"在技术上完全可以实现。公共治理学者在"后常态科学"的语境下提出了"同行社区"的概念，以"利益相关者的对话参与"取代过去"个体偏好简单叠加"的治理范式。⑤ 但将机器学习模型的外部审查权限拓展至同算法治理休戚相关的所有人似乎有些矫枉过正，

---

① ［德］卡尔·拉伦茨：《法学方法论》，陈爱娥译，商务印书馆 2003 年版，第 34 页。

② Frank Pasquale, *The Black Box Society*, Harvard University Press, 2015, p. 165.

③ Hans-Joachim Koch, Helmut Rüßmann, *Juristische Begründungslehre：Eine Einführung in Grundprobleme der Rechtswissenschaft*, Beck, 1982, p. 67.

④ Arthur Kaufmann, Analogie Und "Natur der Sache" Zugleich Ein Beitrag Zur Lehre Vom Typus, 1982, p. 73.

⑤ 参见 Martin Lodge, Kai Wegrich, eds., *The Problem-Solving Capacity of the Modern State：Governance Challenges and Administrative Capacities*, Hertie Governance Report, 2014, pp. 1-3。

甚至会对技术开发方造成反向激励。无论机器学习模型多么强大，自然人需固守的底线是贯彻"独立并超越机器判断的、客观真实反映基本价值"的标准。在公共卫生领域，法定同行评议的重点审查方向，是本节图表中的各项基础价值在算法代码中是否得以表达以及不同价值的权重和规则秩序是否符合当下的实际需求。具体而言，同行评议应对算法求得的风险指标进行有目的的审查：一是"向上"回溯机器学习模型的求解路径是否具体化了特定的社会价值理念；二是"向下"检视各风险指标的加权与赋值是否与实证的具体结论大致相符。除了应具备规范性、满足一定程度的社会实效性之外，机器模型试图构建的风险评估先行的算法监管路径，还应当反映出在伦理方面最低程度的正当化努力。

三、微观法律规则消弭算法歧视

机器学习模型不以实物或现象所有的构成部分及其组合或排列而成的丰盈具象来把握自然人通过感官和思维来认识的客体，易言之，不是将其作为独一无二的整体来进行理解和对待，而是通过对信息和文本的深度挖掘以掌握其中个别特征或要素，并借助这些个别特征或要素去理解其他的特征或要素，以及它们之间可能存在的线性关联。这种"升格推演"的求解路径决定了相较于基于既定规则的等级评审和基于统计回归的专家排序，基于机器学习的算法治理在受评医院的歧视方面与法学家们称为算法的"自反性现象"或"诺米克博弈"相比，有过之而无不及。[1] 例如，机器学习模型根据人群聚集密度和高危人员流动轨迹推算出某一区域可能存在大量的无症状感染者，从而触发更高频率的核酸检测；更多的检测必然"揪出"更多的感染者，这将反向刺激针对该区域施行更高强度的算法监管，"越关注越感染、越忽视越'安全'"的自反性悖论由此产生。由此引出的重要问题是，在医疗保健机构的风险评估方面，如何才能跳出传统评价体系导致受评医院"强者恒强、弱者恒弱"的自反性悖论呢？规范法学给我们的教义是，根据拟衡量的要求或标准所具有的准则性和拘束性探求规则的规范性效力——逻辑上的统一来自系统化，而系统化的前提是对知识进行联结化处理。具体到医疗信息的结构化处理过程中，监管部门

---

① 季卫东：《人工智能时代的法律议论》，《法学研究》2019 年第 6 期。

应当出台相关的操作规范指引，要求收集、处理和分析信息的企业或平台通过指数调整等界值方式确保：①民营医院、私人医疗卫生机构和公立医院在管理方法、评价标准和评审周期方面具有可比性；②各医疗服务机构在目标使命、科室设置、人员配比、行风建设、病患负担、资源分配方面具有可比性；③大型医疗设备在引进目的、使用频率、换代频率、维护成本、工作负荷、闲置周期等方面具有可比性；④专业技术人员在职称评审难度、授予机构差异以及发文硬性指标方面具有可比性；⑤同种类型的病症在感染比例、处理方式、收费方式、复诊标准和痊愈判定方面具有可比性；⑥患者的评价和判断在有效性、可靠性、一致性和公正性方面具有可比性。

更重要的是，对服务类指标的评价，不可完全依赖于医疗机构的字面反馈和信息填报，在必要时应采取效果回推的进路进行反馈式审查。地方卫健委针对医院和医疗机构的质量检查每年都在进行，为了回应外部审查，不少医疗保健机构专门设立了综合保障部门或总务科，作为上级监管部门和前线医护人员之间的缓冲；部分公立医院的纪律检查委员会，特别擅长通过制作各类文件的方式来应对上面的检查。几乎每个医院都有自己的《突发公共卫生事件工作条例》，但多数只是照抄《国家突发公共卫生事件应急预案》中的关键内容而已，既未建立贴合实际的应急处理工作制度，也不能在公共卫生事件发生时作出快速反应。就信息采集而言，出示多份"及时、有效开展监测、报告和处理工作"的会议纪要，只能说明院方将大量的时间用于工作部署，不能将其视为已在实际工作中取得成效。

由于信息收集从单纯的医院信息拓展至患者乃至普罗大众，算法治理的歧视还可能从受评医院延伸至信息当事人。例如，本来是有助于当事人"自证清白"的健康码，是否在某种程度上反而促成了"湖北地区人员一律不得返京"的地域歧视呢？算法歧视既不因可解释性要求得以满足就缓解，也不因自然人价值规范在代码中得以贯彻而消弭。当前人工智能法学研究，无一例外将算法歧视的根源指向信息采集过程，[①] 这是从信息入手规制算法治理的理论根据。[②] 特殊时期个人信息权益可以基于公共利益

---

① 参见郑戈《算法的法律与法律的算法》，《中国法律评论》2018 年第 2 期；商希雪《超越私权属性的个人信息共享》，《法商研究》2020 年第 2 期。

② 参见程啸《民法典编纂视野下的个人信息保护》，《中国法学》2019 年第 4 期；王叶刚《网络隐私政策法律调整与个人信息保护》，《环球法律评论》2020 年第 2 期。

适度苛减，但前提是要有相应的"反歧视措施"作为信息主体的私力救济手段，且不能将个体的沉默视为理所当然的同意。在权益保护方面，微观层面的操作规则比国家层面的政策和中观层面的法律更加有效，因为基层公共部门能更贴近事物的本质实现"适当的规整"，同时还能站在相关人的角度兼顾各项规则可能引发的信赖利益。简政放权下沉到基层的自由裁量权，或将有助于一线公务员对国家宏观政策不折不扣地落实以及同中观价值谱系严丝合缝地衔接，这着实意味深远。

本章小结

面对严峻复杂的世界政治经济形势，统筹推进治理提升和经济发展，将更有赖于风险评估先行的监管路径。技术飞跃与治理提升之间的关联通常被人们假定，也早已被政策捕捉，却通常缺乏学理上的解释和要素上的证成。算法治理之实现，方法论的纯净并非不可或缺，为求中立步入规则机械化的歧途必不可取。监管精细化的前提是治理平台化、价值秩序化和正义场景化，纯粹理性和实践理性的平衡有赖于制度化的法律安排，避免公共决策走向"纯粹恣意的个人主张"和"空洞无情的公式理性"两个极端。公共卫生领域如此，其他公共治理领域也概莫能外。

法律的终极原因是社会福利，技术亦然。公共卫生领域算法治理的"成与不成"，取决于三重假设的交互：其一，程式设计者能在多大程度上将妥当的考量结构性转化为机器模型可执行的问题和任务，并有足够的信息样本和试错余地作为支撑；其二，行业监管部门有多大能力确保算法程序严守价值规范秩序，且辅之以必要的技术人力资源；其三，立法者有多大智慧平衡社会公共利益和个人隐私保护，在不牺牲政策透明度的情况下取得"多数人同意"。良法得到普遍遵从乃法治，技术壁垒或将日益扩大算法可解释性的鸿沟，但倘若能将法治思维贯穿于算法治理的各个流程，那便是以看得见的方式实现了以个人健康促进社会健康的最大正义。①

---

① 唐林垚：《公共卫生领域算法治理的实现途径及法律保障》，《法学评论》2021 年第 3 期。

第七章　刷脸支付的法律挑战及规制路径

　　刷脸支付，是结合人工智能、机器学习、三维结构光、在线支付等技术实现的新型支付方式，用户无须携带任何设备，通过刷脸即能完成支付。习近平总书记指出："要发挥数字经济优势，加快产业数字化、智能化转型。"① 刷脸支付已经日益成为催生支付新动能、推动财税金融体制现代化、深化金融服务供给侧结构性改革的重要支点，是《中华人民共和国国民经济和社会发展第十四个五年规划和 2035 年远景目标纲要》（以下简称《目标纲要》）"坚持创新驱动发展""提升企业技术创新能力""打造数字经济新优势"等目标的题中之义。虽然在便捷性和推广成本方面具备压倒性优势，但刷脸支付的潜在负面影响也颇受社会关注。2021 年 8 月，某女子"被刷脸"办卡并背负上万元贷款，广州互联网法院判决银行自行承担放贷审核不严的法律后果，引发公众热议。② 随着刷脸支付的大规模商业化推广，通过何种途径防范刷脸支付的隐私风险、消除伴随个人生物识别信息的潜在隐患，使刷脸支付能在保障安全的情况下尽可能地提升社会效益，无疑是值得当前学界和实务界思考的重点问题。

第一节　刷脸支付的风险成因及规制需求

　　长期以来，金融法治的进步呈现出"问题驱动型"的特点，通常是

---

① 习近平：《在扎实推进长三角一体化发展座谈会上的讲话》，《人民日报》2020 年 8 月 23 日，第 1 版。

② 参见段莉琼、甘尚钊《一女子"被刷脸"办卡贷款后被起诉还钱》，《人民法院报》2021 年 8 月 19 日，第 3 版。

先出现监管套利空间，而后逐渐催生出新的法律规范。^①"智能金融的发展史实际上就是一部和法律博弈的历史，周而复始地重复着智能金融工具由专业人士专用走向普罗大众的过程。同时，智能金融又会因为缺少监管而引发危机。"^② 作为支付领域的"后来居上者"，刷脸支付具有高风险的特质，这一方面是因为人脸这类生物识别信息，只要被录入系统就有被泄露的风险，另一方面则是因为"'脸'在社会文化中的意义和功能，使其内在蕴含着人的尊严"。^③ 同时，凭借其独特优势，刷脸支付技术已在金融行业掀起了一场前所未有的支付变革。

一、刷脸支付的独特优势

早在 2018 年 12 月，人民银行联合发改委、科技部、工信部、人社部和卫健委联合下发《关于开展金融科技应用试点工作的通知》，在重庆、广州、杭州、武汉、长沙等直辖市和省会城市陆续启动商业银行刷脸支付的试点验证和推广工作。在长达三年的时间里，刷脸支付本身得以长足发展，不断拓展技术适用的空间和范围，并大幅降低其设备的运行和使用成本。之所以能够迅速"跑马圈地"，同刷脸支付的五大"破坏式"创新密不可分。

其一，革新支付体验。刷脸支付是对既有支付方式的全新变革，用户无须携带现金或银行卡，也无须扫描二维码或牢记各类账号、密码，仅需摄像头刷脸即可完成支付。在线上场景中，用户不再需要反复输入密码或口令，在线下场景中，用户甚至只需在收银机前"露面"，即可瞬间实现"闪付"。据悉，输入 6 位数密码平均至少 3 秒，指纹支付大约耗时 1 秒，刷脸支付却仅需 0.3 秒。^④

其二，突破支付障碍。老年人、残障人士等弱势群体较少使用电子设备，常被视为数字化转型中的"科技弃民"。对于这部分人而言，刷脸支付明显比刷卡、扫码等支付方式更加友好，突破了支付介质，真正实现了

① 参见李安安《欧美金融监管的最新发展及其启示》，《北方法学》2012 年第 5 期。
② 高丝敏：《智能投资顾问模式中的主体识别和义务设定》，《法学研究》2018 年第 5 期。
③ 郭春镇：《数字人权时代人脸识别技术应用的治理》，《现代法学》2020 年第 7 期。
④ 王丹娜：《生物识别：传统信息安全在新技术环境的创新应用》，《中国信息安全》2019 年第 2 期。

"零载体无感支付"。

其三，消除获客成本。在刷卡支付语境中，手机前置摄像头就能完成用户的核验和特征录入；过去必须在营业时间亲自到银行柜台办理的开户手续，现在可以在任何时段、任何地点迅速完成。基于远程刷脸的在线贷款和理财业务，在优化客户体验的同时，大大提升了金融服务效率，银行也以几乎可以忽略不计的成本获得了更多增量客户。

其四，提升推广效率。传统的指纹、声纹、虹膜等生物识别手段对用户配合度和设备要求较高，商家的推广应用成本非常可观。人脸识别并不需要特别的硬件或设备，高于一定分辨率的手机摄像头即可满足要求。配合国家身份证底库，信息和身份的比对无须用户额外提供身份照片，所有用户均为零成本参与。技术手段的"接地气"，使得刷脸支付比其他生物识别技术更容易大规模推广。

其五，拓展场景边界。现金、刷卡、扫码等支付手段几乎不具有扩展性，而刷脸支付则不然。结合购买现状和已经掌握的用户信息，商家可以通过可视屏幕同支付者交互，或精准推送广告，或推荐会员制服务等，极大地拓展了支付服务的边界，带来了更多的商业想象空间。

二、刷脸支付的风险成因

回顾支付行业的发展历程，效率和安全始终身处天平的两端，此消彼长。刷脸支付的安全风险，同人脸识别技术的固有风险密不可分。

其一，人脸识别系统可被破解，隐私侵害便向财产侵害蔓延。人脸识别的不同技术手段，均有被破解的可能。基于活体识别的人脸识别技术可能被制作精良、细节逼真的面具破解；基于实时重建的人脸识别技术可能被 3D 建模制作的仿真人像破解。例如，某小学生用打印照片替代真人刷脸，骗过小区丰巢智能快递柜，取出他人快递；[1] 某团伙非法收集公民身份信息，利用使用软件合成了 547 个 3D 头像，通过了支付宝账户的人脸识别认证并从中牟利数万元；[2] Kneron 公司利用 3D 面具成功欺骗了支付

---

[1] 赵春秀：《"刷脸支付"该规范了》，《人民政协报》2019 年 12 月 31 日，第 12 版。
[2] 浙江省衢州市中级人民法院，（2019）浙 08 刑终 333 号刑事裁定书。

宝和微信的刷脸支付程序，引发业界关注。[1] 人脸识别系统屡遭破解，主要是窃取人脸信息比窃取数字密码、套取指纹信息要容易得多。"人脸数据 0.5 元一份、照片活化修改软件 35 元一套，……利用人脸数据可以帮他人解封微信和支付宝冻结账号，还能绕过知名婚恋交友平台及手机卡实名认证的人脸识别机制。"[2] 人脸信息完全暴露在外，通过多角度拍照即可取得，不像储存在人脑中的数字密码，非采取特别手段难以攻破，也不像指纹信息那般难以采集。在人脸信息如此易采集的情况下，某些人脸支付系统仍在使用静态识别而非动态检测的技术手段，其风险不可小觑。

其二，人脸特征具备不稳定性，刷脸支付的稳定性因此也受到影响。同数字密码、指纹和虹膜等生物特征相比，人的脸部特征并非一成不变。随着时间的推移，人的面部外观会逐渐发生改变，青少年的面部变化尤其明显，事故、整容、过敏以及大幅增重或减肥，都会造成当事人的容貌变化，致使系统无法识别。化妆一般不会改变脸部特征，但妆容较浓时有一定概率会导致系统难以比对关键点，戴墨镜、口罩、装饰品时，亦是如此。面对人脸识别系统的摄像头时，俯仰或左右侧面较多、发型变化较大，甚至表露出丰富的表情，都会降低系统识别的准确度。总之，人脸识别极易受外部因素的干扰，虽然识别的准确度较高，但准确识别的概率却不稳定。受制于人脸识别系统的不稳定性，刷脸支付系统的稳定性也无法 100% 保证。

其三，形式审查、把关不严，直接影响用资金使用安全。在签订刷脸支付用户协议阶段，用户并不需要提交自己的照片。之后，有资质的刷脸支付机构在进行身份核验时，主要是向全国居民身份证号码查询服务中心提出申请，将摄像头中的人脸信息同库中的照片进行比对，此外，也会参考人民银行和公安部联网核查系统中的照片。但是，无论作为参考基准的身份照片从何而来，照片更新速度慢、像素有限等因素都会制约人脸识别系统的准确性，而多个源头的比对和验证，又必然增加通信成本。在女子"被刷脸"办卡背上万元贷款案件中，主审法官认为："该案'被刷脸'

---

[1] 参见 Jay Peters, Researchers Fooled Chinese Facial Recognition Terminals with Just a Mask, The Verge (13 December 2019), https://www.theverge.com/2019/12/13/21020575/china-facial-recognition-terminals-fooled-3d-mask-kneron-research-fallibility.

[2] 参见《0.5 元一份！谁在出卖我们的人脸信息？》，新华网，http://www.xinhuanet.com/2020-07/13/c_1126232239.htm，最后访问日期：2021 年 11 月 24 日。

背后反映的是传统借贷机构放款时'形式审查'的弊病，以'身份证照片和本人看起来差不多'便审核通过。"[1] 由于用户的资金同人脸验证相绑定，验证环节的把关不严将给掌握他人人脸信息的不法分子可乘之机，最终给用户资金带来安全风险。

三、刷脸支付的规制需求

"在法治社会中，规制的存在往往与风险密不可分。"[2] 倘若只是人脸识别的连带风险，刷脸支付并不需要额外的规制手段。然而，自从问世之日起，刷脸支付的安全性就备受质疑，这主要是因为人脸识别技术在支付领域的应用为人脸识别技术从第一阶段向第二阶段的嬗变提供了土壤。

第一阶段的人脸识别，是基于人的相貌特征、脸部结构进行身份验证、信息比对的生物特征识别技术，主要用于实名认证、账户登录、门禁控制、交通出行、考勤打卡、政务服务、人员查找等，对应的是《信息安全技术 人脸识别数据安全要求（草案）》（以下简称《国标草案》）中人脸验证和人脸辨识的场景。第二阶段的人脸识别，是基于人的表情、神态、仪容、变化进行用户侧写、态度判断的自动化决策技术，即《国标草案》中人脸分析的场景。《2018 年人工智能报告》（AI Now Report 2018）显示，人脸识别技术已经能够根据信息主体的表情变化和眼神微动对其进行内在情绪和心理状况的情感识别。[3]

人脸识别和人脸分析的差别在于，通过人脸确认身份的步骤完成后，是否还存在其他目的的后手算法决策，亦即是否存在情感计算。所谓"情感计算"，也称"情绪智能识别技术"，泛指"以人工智能技术打底，对个体情绪或其情感进行识别和推断的计算手段"。[4] "相关人脸数据文件或照片可能被自动化地上传至特定数据库进行实时比对和关联，导致没有

---

① 章宁旦、刘梦薇：《女子"被刷脸"背上万元贷款，要不要还》，《法治日报》2021 年 8 月 25 日，第 6 版。

② 苏宇：《算法规制的谱系》，《中国法学》2020 年第 3 期。

③ 参见 Meredith Whittaker, Kate Crawford, et al., AI Now Report 2018, AI Now Institute（6 December 2021），https://ainowinstitute.org/AI_ Now_ 2018_ Report. pdf。

④ R. W. Picard, *Affective Computing*, The MIT Press, 1997, p. 3.

经过认证对象的知情和授权而脱离场景地理解和使用人脸数据。"① 基于人脸识别的情感计算曾一度被违规用于消费场所中，为销售员进行"信息赋能"：当消费者的面部被人脸识别系统自动抓取后，后台会识别消费者身份、年龄、性别及到店次数、消费记录等信息，借此判定消费者心情和消费偏好等。例如，2020 年，"售楼处安装人脸识别无感抓拍看房者"现象引发地方政府部门关注，② 杭州、南京、天津、昆明等地先后出台物业条例，禁止非法采集人脸信息；2021 年中央电视台"3·15 晚会"上，科勒、宝马等使用人脸识别摄像头的情况被曝光。③

由于刷脸支付几乎完全在商业场景中进行，而商业的逐利本质通常伴随着业务的拓展，刷脸支付几乎是顺其自然地从单纯的"账户定位—资金结算"向情感计算跃迁，这是刷脸支付主要需要防范的新问题、新风险。碎片化的刷脸支付信息就像是无关紧要的噪声那般，但经过大数据的整合之后，别有用心的信息处理者可将零碎分散的噪声组合成意义非凡的旋律，从中取得信息主体"不足为外人道"之秘密，甚至是事关金融稳定和行业健康发展的重要信息。④ 资金安全只是刷脸支付的"近忧"，不负责任的概括同意、不明不白的授权捆绑以及随之而来的自动化决策歧视，才是困扰信息主体的"远虑"。如何在控制传统人脸识别风险的同时，对刷脸支付的独特风险予以规制，是值得关注的研究重点。

第二节　理论与实践中的规制进路及局限

"立法活动作为国家法治生活的逻辑起点和关键环节，不可避免地将在科技发展的驱动下迎来新的变化。"⑤ 针对刷脸支付的法律规制实践，

---

① 胡凌：《刷脸：身份制度、个人信息与法律规制》，《法学家》2021 年第 2 期。
② 潘颖欣、冯群星：《售楼处人脸识别"无感"抓拍　看房人戴口罩没用要戴头盔》，《南方都市报》2020 年 11 月 23 日，第 GA12 版。
③ 潘少颖：《看房不用戴头盔　进小区不用"赏脸"》，《IT 时报》2021 年 8 月 13 日，第 3 版。
④ 参见唐林垚《算法应用的公共妨害及其治理路径》，《北方法学》2020 年第 3 期。
⑤ 王怡：《智能互联网能为民主立法贡献什么》，《北方法学》2019 年第 6 期。

已在世界各国徐徐展开。美国《商用人脸识别隐私法草案》（Commercial Facial Recognition Privacy Act of 2019）、欧洲数据保护委员会《关于通过视频设备处理个人数据的 3/2019 指引》（EDPB Guidelines 3/2019 on Processing of Personal Data through Video Devices）、电气电子工程师学会《生物特征识别活体检测标准》（IEEE Std 2790-2020）等即典例。我国政策制定者对人脸识别技术的关注早于欧美国家，在刷脸支付尚未兴起时，就首先注意到了保护人脸等生物识别信息的紧迫性。

一、软法与硬法交织的立法现状

我国对刷脸支付以及作为其上位概念的人脸识别、生物敏感信息的法律规制，呈现出软法硬法交织、二者相互推动的特点。

1. 2015—2020 年：金融行业"摸着石头过河"

早在 2015 年 12 月，中国人民银行颁布《非银行支付机构网络支付管理办法》。其第 20 条规定："支付机构应当以'最小化'原则采集、使用、存储和传输客户信息，并告知客户相关信息的使用目的和范围。" 2016 年《网络安全法》未对人脸识别作专门规定，但将个人生物识别信息视为典型的个人信息。2019 年 8 月，中国人民银行印发《金融科技（FinTech）发展规划（2019—2021 年）》，鼓励构建适应互联网时代的移动终端可信环境，充分利用生物识别等信息技术，建立健全兼顾安全与便捷的多元化身份认证体系，无感活体检测等技术手段被视为健全网络身份认证体系、丰富金融交易验证手段的关键手段。

2. 2020—2021 年：自律公约、技术规范与个人信息保护入典

2020 年以后，人脸识别和个人信息保护的规制尝试迎来爆发式增长。2020 年 1 月，中国支付清算协会发布《人脸识别线下支付行业自律公约（试行）》（以下简称《刷脸公约》），呼吁会员单位建立人脸信息全生命周期安全管理机制，在采集环节坚持用户授权、最小够用原则，在存储环节坚持安全隔离原则，在使用环节坚持不归集、不截留原则；要求会员单位部署或接入的刷脸支付终端符合国家和金融行业相关标准，通过国家统一推行的金融科技产品认证。2020 年 2 月，中国人民银行《个人金融信息保护技术规范》将个人生物识别信息列为未经授权查看或变更后产

生影响和危害最严重、敏感程度最高的 C3 类信息，① 禁止无金融业相关资质机构收集此类信息，具备资质的金融机构不得公开披露此类信息，在收集、传输和储存时必须采取加密措施。2020 年 3 月，全国信息安全标准化技术委员会发布《信息安全技术　个人信息安全规范》，要求将个人生物识别信息要与个人身份信息分开存储，将个人生物识别信息的原始信息和摘要分开存储，并为个人生物识别信息的收集和使用预置了加强版的"知情同意框架"，信息处理主体必须单独告知信息主体个人生物识别信息的采集目的、方式、范围、存储时间等，并征得信息主体的明确同意。2020 年 5 月颁布《民法典》，其第 111 条规定自然人的个人信息受法律保护，第 1034 条将生物识别信息纳入受保护个人信息的范畴。

3. 2021 年至今：国家标准、司法解释与《个人信息保护法》颁布

2021 年 4 月 23 日，全国信息安全标准化技术委员会《国标草案》面向社会公开征求意见。《国标草案》将"非人脸识别方式安全性或便捷性显著低于人脸识别方式"作为刷脸的前提条件，且直接禁止将人脸识别数据用于"除身份识别之外的其他目的"，例如评估或预测数据主体工作表现、经济状况、健康状况、偏好、兴趣等。2021 年 6 月，最高人民法院通过《关于审理使用人脸识别技术处理个人信息相关民事案件适用法律若干问题的规定》（以下简称《人脸识别司法解释》）。该规定细化了责任豁免事由、引入了综合考量理论、明确了既往不咎原则，禁止经营场所擅自使用远距离、无感式人脸识别技术，围绕人格权益保护构建了侵权行为样态、责任承担、举证方式、财产损失界定等规则，从多角度为人脸识别技术的运用提供法律保障。② 人脸信息侵权案件有其难以处理之繁杂性，集体诉讼是优于私人诉讼的更优选择。③ 考虑到刷脸纠纷中受害者分散、个人维权成本高、霸王条款横行、举证能力有限等现实情况，《人脸识别司法解释》第 14 条特别允许法律规定的机关和有关组织提起民事公益诉讼，弥补了相关纠纷中集体诉讼缺位的现状。2021 年 6 月，《数据安全法》颁布，为数据处理划定了不得违反法律法规、尊重伦理公德、遵守商业和职业道德的底线，尤其支持可以提升公共服务智能化水平的数据

---

① 《个人金融信息保护技术规范》将个人金融信息由高到低分为 C3、C2、C1 三个类别，并为三种级别的信息作出差异化的保护要求。

② 参见韩旭至《刷脸的法律治理：由身份识别到识别分析》，《东方法学》2021 年第 4 期。

③ 参见林凌、贺小石《人脸识别的法律规制路径》，《法学杂志》2020 年第 7 期。

开发利用。《数据安全法》专章规定了数据安全保护义务，提出了落实保护责任、加强风险监测、报送风险评估、留存交易记录等要求。2021 年 8 月，《个人信息保护法》出台，将生物识别信息、金融账户信息列入敏感个人信息范畴，规定只有在"具有特定的目的和充分的必要性，并采取严格保护措施的情形下"才能处理此类信息。根据《个人信息保护法》第 55 条，处理敏感个人信息前，信息处理者必须进行事前风险评估，当且仅当使用人脸识别技术的收益大于潜在损害时，数据处理者方才可以处理人脸等敏感生物信息。

二、动态规范阙如的规则局限

规则的层出叠见，反映出我国政策制定者深刻把握刷脸支付时代的新特征和新要求，持续增强风险预警和溯源能力，加紧完善个人信息保护制度的不懈努力。不过，碎片化的规则探寻容易缺乏对刷脸支付特征共性的整体把握，造成个别的小体制对抽象的大体制的掣肘和抵消。例如，个人生物识别信息保护规则同公共监控信息规则之间，就存在互不兼容的情形。《个人信息保护法》第 26 条规定在公共场所安装图像采集、个人身份识别设备必须为维护公共安全所必需，同时应设置显著的提示标识，而《人脸识别司法解释》第 5 条第 2 款却将依据国家有关规定在公共场所使用人脸识别技术作为信息处理者主张其不承担民事责任的依据，全然不顾公共监控机制本应承担个人生物识别信息保护硬件屏障功能的事实。未来立法应当进一步限缩信息处理者的豁免情形，将公共场所人脸识别技术使用重新归入"特定的目的和充分的必要性"规则的检视之中，通过严格立法，从侧面建立健全科技和金融结合机制，为构筑高速、移动、安全、泛在的新一代信息基础设施提供助力。[1]

"技术发展'一日如千年'，而人类共同体为约束技术的潜在'为恶后果'所需的规约设置时间日益赶不上技术创新速度。"[2] 技术飞跃与治理提升之间的关联虽早已被政策捕捉，但冗余繁杂的立法却容易失去焦

---

[1] 参见习近平《努力成为世界主要科学中心和创新高地》，《求是》2021 年第 6 期。

[2] 李河：《从"代理"到"替代"的技术与正在"过时"的人类?》，《中国社会科学》2020 年第 10 期。

点，陷入规则机械化的窘境。就刷脸支付而论，"《民法典》首次回应了社会所关注的'个人信息'保护问题，完成了'理性人'向'信息人'的过渡，但却未能回应人脸识别信息不可更改性和人格权益属性所提出的特殊保护需求"。[①] 以《刷脸公约》为代表的行业自律机制的覆盖范围仅仅局限于线上服务领域，对于线下等其他领域的刷脸支付应用，依然缺乏行业指引。《人脸识别司法解释》充分吸收了个人信息保护立法的经验成果，将积年累月的审判智识浓缩进了本土化的规则解释中，但并未针对支付领域的人脸识别应用发展出细粒度更高的特殊规则。《数据安全法》和《个人信息保护法》虽然对包括人脸信息在内的个人生物识别信息予以了特别保护，并以国家的强制力为后盾、为托底，但面对刷脸支付纵横交错的真实利害格局，是否能够较好地平衡信息主体综合权益保护、金融服务供给侧结构性改革深化以及运用数据服务社会经济发展能力提升等多元诉求，还有待时间的检验。

刷脸支付的法律规制立法过程可谓无比艰辛，有制度设计的前后呼应，有利益平衡的深思熟虑，更有凝聚共识的耐心释法。但是，徒法不足以自行，违法违规行为从不会因为一项制度的产生就销声匿迹。说一千道一万，刷脸支付的法律规制终究是一个系统性工程，在行业行政法规、专业司法解释和个人信息保护法律接踵而至之时，个别规定的解释与适用，需额外注意与立法和行政执法相衔接。某些过于粗犷的规则设计，还需结合刷脸支付的技术特征和应用现状不断精细化，只有这样才能将《个人信息保护法》框定的"合法、正当、必要"三重保护维度落到实处。

三、审慎乐观的价值路径选择

"对人工智能技术的恐惧可以从人类自身使用以及可能产生的效应方面停留在对一般技术的批判层面上，但是这并不意味着人工智能自身发展必然具有并带来一种新型恐惧。"[②] 对于刷脸支付的法律规制必须从技术

---

① 赵精武：《〈民法典〉视野下人脸识别信息的权益归属与保护路径》，《北京航空航天大学学报》（社会科学版）2020 年第 5 期。
② 孟伟、杨之林：《涉身认知的外在主义解释与人工智能的未来发展》，《西南民族大学学报》（人文社科版）2018 年第 3 期。

应用的实际风险出发，不可一噎止餐，因认知的莫名恐惧导致行为的矫枉过正。2020 年 3 月，《中共中央、国务院关于构建更加完善的要素市场化配置体制机制的意见》将数据作为生产要素，同土地、劳动力、资本等传统生产要素相并列。此后，《目标纲要》提及的激活数据要素潜能、将公共数据服务纳入公共服务体系、推动数据赋能全产业链协同转型等，成为我国推动数字转型的顶层设计。在数据要素化的国策下，需要警惕《国标草案》试图将人脸识别限定于"瞬态刷脸"的倾向。事实上，对于敏感信息的去标识化和匿名化足以确保信息处理者和第三方均无法通过特定手段复原敏感信息并识别到个人，完全阻绝对人脸信息的合理二次价值挖掘，有悖于强监管态势下，数据价值"合规有序释放"的政策号召。

易言之，"法律规制人脸识别技术的目的，不是一味地叫停该项技术的使用，而是在确保安全的前提下，倡导一种负责任的使用"。[①] 为提升社会数据资源价值，鼓励运用大数据、人工智能、云计算等数字技术在应急管理、疫情防控、资源调配、社会管理等方面更好地发挥作用，当务之急是强化数据资源全生命周期安全保护、完善数据分类分级保护制度，而不是机械性地对刷脸行为进行"一刀切"，完全叫停具有巨大商业价值的人脸识别及相关信息处理活动。科技部"伦理先行、敏捷治理"的理念主张积极预防而非被动救济的价值观。[②] 例如，可以在自动化决策中引入多方安全计算、同态加密等隐私计算技术，确保人脸信息"可用不可见"，建立信息流动和信息安全的协同保护机制。[③] 总之，辩证地看，刷脸支付的各项风险中也孕育着利用技术治理风险的契机。

第三节　刷脸支付的规制框架及规则构建

上文分析表明，人脸识别的法律规制已渐次成型，但针对刷脸支付的

---

① 邢会强：《人脸识别的法律规制》，《比较法研究》2020 年第 5 期。

② 参见《科学技术部关于加强科技伦理治理的指导意见（征求意见稿）》（2021 年 7 月 28 日）。

③ 赵精武、周瑞珏：《隐私计算技术：数据流动与数据安全的协同保护规则构建》，《信息通信技术与政策》2021 年第 7 期。

规则和规范仍以分散式立法的方式分布在不同层级的法律中。在适用位阶不甚明确的阶段，软法和硬法之间的"相互推动"极有可能逐步向"相互推诿"下沉。只有明确刷脸支付的法益衡量标准，通过谱系化的努力建立全周期的外部审查体系，将刷脸支付纳入多样化治理机制的轨道，才能助推既有规则间的"相互增益"，在保障安全的前提下充分释放刷脸支付的潜在效益。

一、重视人格权益的法益衡量标准

刷脸支付的技术优势和虹吸效应无可否认，在很大程度上顺应了利用技术提升现代化治理水平、打造智慧城市的发展需求，但刷脸支付技术实现所依托的人脸信息，一旦泄露将极大地侵害信息主体的其他民事权益。同刷脸支付环环相扣的后手算法决策，还有可能对信息主体的人格尊严、平等自由等宪法性基本权利造成损害。因此，"既要充分利用技术革新的便利，也要避免技术泛滥的弊端，理性评估并规制技术适用和个人法益间的平衡才是未来的趋势"。[1]

"法律的终极原因是社会福利，技术亦然。"[2] 对于社会福利的衡量，公共经济学一直有着大异其趣的两套标准。一套是倡导实质公平的"帕累托标准"，主张社会福利的增加应当同时满足两个条件：一是资源配置确实使部分人状况变好；二是部分人状况变好并不意味着另一部分人的状况因此变差。[3] 与之相对应的另一套标准是贯彻功利主义原则的"卡尔多-希克斯标准"，认为资源配置可能使部分人受益，也可能使部分人受损，但只要受益者的收益足以赔偿受损者的损失，那么社会福利就是增加的，即便这种赔偿并未实际发生。[4] 从《民法典》的相关规定来看，自然

---

① 石佳友、刘思齐：《人脸识别技术中的个人信息保护——兼论动态同意模式的建构》，《财经法学》2021 年第 2 期。

② 唐林垚：《公共卫生领域算法治理的实现途径及法律保障》，《法学评论》2021 年第 3 期。

③ 参加戴昕、张永健《比例原则还是成本收益分析——法学方法的批判性重构》，《中外法学》2018 年第 6 期。

④ 参见唐林垚《自甘风险规则的世界观与方法论——基于 82 份司法判决的法律分析》，载《人大法律评论》编辑委员会组编《人大法律评论》（2020 年第 1 辑·总第 31 辑），法律出版社 2020 年版，第 374 页。

人对其个人生物识别信息享有作为民事权益的人格权益，[①] 而人格权益属性具备一经成立即附着于复杂社会关系的特殊性，停止侵害、返还财产、赔偿损失、赔礼道歉等责任承担方式均无法在实质上消除个人生物识别信息泄露的恶劣影响。

鉴于此，关涉刷脸支付的社会福利判断标准，宜采用"只有赢家、没有输家"的"帕累托标准"，毕竟人脸信息的泄露是终极泄露。"终生伴随、独一无二、不可更改，这些特征都决定了公民生物信息的敏感程度和利用价值远高于一般个人信息，也因此存在特殊风险。"[②] 在具体操作层面，金融机构在特定场景中是否推行刷脸支付，应始终将与人格权益联系紧密的个人生物识别信息保护的考量放在首位，而非简单地转化为效益至上或是性能择优问题。在进行《个人信息保护法》第 55 条所规定的"个人信息保护影响评估"时，金融机构必须更进一步，主动采取合理的保障手段，将刷脸支付的潜在风险降至力所能及的最低值，把金融机构的收益、信息主体的收益和潜在的人格权益损害三者间的配比和考量锚定在"帕累托标准"所允许的区间内。[③] 自下而上来看，妥善兼顾个人利益和公共利益、正确处理数字经济隐患和高质量发展需求的关系，[④] 皆应摒弃"卡尔多-希克斯标准"的功利价值观。一言以蔽之，只有达至个人信息合理合法使用的帕累托最优，数字经济才能健康发展。

二、贯穿支付流程的外部审查体系

银行等金融机构在开发特定技术时，容易急于求成，在解决实际问题时倾向于"指哪儿打哪儿"，有业务需求或管理需要时才能有针对性地发力，并幻想以最少投入获得即时效果，而后续的持续跟进优化环节通常被忽略，开发出来的系统经常"用了就扔"。好在人脸识别的技术门槛较高，银行等金融机构通常无力完全自主研发，一般是通过"第三方硬件+

[①] 参见程啸《论我国民法典中个人信息权益的性质》，《政治与法律》2020 年第 8 期。

[②] 朱宁宁：《立法应为公民个人生物信息提供特殊保护》，《法制日报》2019 年 4 月 16 日，第 6 版。

[③] 基于帕累托最优的隐私服务定价的方法论，参见史玉良、邵雅丽等《基于帕累托最优的隐私保护服务定价模型》，《计算机学报》2016 年第 6 期。

[④] 参见 Jake Goldenfein, *Monitoring Laws: Profiling and Identity in the World State*, Cambridge University Press, 2019, pp. 14-20.

自有算法"的方式，构建自身的刷卡支付体系。第三方硬件通常由刷脸支付终端和三维结构光摄像头两部分组成，其中三维结构光摄像头属精密光学仪器，国内能够到达量产规模的企业数量不多。三维结构光摄像头通过红外发射激光器投出上万个散斑点，根据对光线折回变化实现对位置深度的测算。① 支付宝采用奥比中光的摄像头，微信支付采用华捷艾米的摄像头，银联则是二者兼有之。

在自有算法方面，为了杜绝急于求成的算法开发行为，中国人民银行授权银行卡检测中心（BCTC）对人脸识别算法进行检测，支付宝"face++"算法曾一度未通过检测。② 银行卡检测中心还同时肩负着依照国际、国家和金融行业有关技术质量标准对刷脸支付终端进行专业技术检测的责任，是具有国家公信力的检测机构。但是，技术层面的检测和把关更多聚焦于算法和设备的识别准确度和支付稳定性，既不能防范人脸识别技术的非合理使用，也不能确保人脸信息的传输和储存安全，更难以杜绝基于刷脸支付的后手算法决策行为。职是之故，应当考虑以成文法的形式，针对刷脸支付的整体解决方案引入外部审查机制，由无利益相关的同行专家对刷脸支付的"全过程行为"进行审查。

进行外部审查的专家委员会应当由中国人民银行分支机构工作人员、当地清算支付协会会员代表、人工智能法学专家以及随机消费者组成，外部审查应当包含四组测试。①正当目的测试。刷脸支付中人脸信息的利用是否满足《国标草案》中"仅用于身份识别"的唯一目的，或者在身份识别目的之外的合理商业目的，是否不逾越《个人信息保护法》第 6 条"与处理目的直接相关、对个人权益影响最小"的够用原则。②信息安全测试。在提供刷脸支付服务时，信息处理主体是否充分考虑了个人生物识别信息的敏感性，并采取了与之匹配的安全保护措施，将业界"加强数据资源整合和安全保护"的共同呼吁落实到位。③权利保障测试。在推广刷脸支付时，信息处理主体是否采取相应措施保障信息主体的知情权、拒绝权以及获得解释权等，将刷脸支付的潜在风险　　告知，是否为信息主体提供了刷脸支付之外的其他支付手段，且未对其他支付手段设置毫无

---

① 关于三维结构光摄像头的人脸识别原理，参见左超、张晓磊等《3D 真的来了吗？——三维结构光传感器漫谈》，《红外与激光工程》2020 年第 3 期。

② 参见刘晓明、夏天文《支付机构刷脸支付技术应用现状及问题研究》，《金融科技时代》2020 年第 12 期。

必要的障碍。④歧视鉴别测试。综合信息主体的身份及信息处理主体的数据耦合机制，判断刷脸支付之后的自动化决策是否有可能对信息主体的平等权、思想与行为自由带来风险，① 是否有可能在远期对信息主体造成不良的影响。

外部审查的标准和强度，应视具体应用场景而定。可以根据《国标草案》中的场景划分，对人脸验证、人脸辨识、人脸分析等场景进行低强度、中强度和高强度的外部审查。在不涉及后手算法决策的人脸验证和人脸辨识场景，可以完全豁免歧视鉴别测试，并相应降低正当目的测试的强度。总之，专家委员会应对刷脸支付的整体解决方案进行目标明确的审查：一是向上检视个人权益的保护是否与企业正当利益的追求相辅相成；二是向下回溯信息主体对刷脸支付的合理期待是否安全实现。除了满足安全性、规范性、合理性的要求之外，刷脸支付风险的主动防范，还应反映出信息处理主体在维护科技伦理方面最低限度的努力。

三、强化行业自律的多元治理机制

1. 接口把关和商户准入协调一致

截至目前，刷脸支付终端设备的设计标准不统一、人脸数据的采集方式也大相径庭，从《刷脸公约》《个人金融信息保护技术规范》等文件中尚不足以推导出刷脸支付的行业标准，当务之急是构建贯穿"业务受理—服务提供—信息处理"全流程的风险控制机制。

在业务受理环节，应严格规范商户准入，银行和第三方平台负有商户适当性审查义务，可以通过白名单制度对商户进行筛选，确保商业资质与功能开放相匹配。在对商户进行适当性审查时，银行和支付平台应当通过完整、深入的尽职调查，严格执行"三证亲见"②，配合企业信用信息查询系统、中国支付清算协会信息查询系统等，原则上不对审慎类、限制类、弱小微商户拓展刷脸支付功能。对于授权商户，银行和支付平台还应根据其业务水平、交易情况，动态调整单笔交易限额、日累计交易限额

---

① 对于算法歧视的讨论，参见唐林垚《人工智能时代的算法规制：责任分层与义务合规》，《现代法学》2020 年第 1 期。
② "三证亲见"中的"三证"指营业执照、经营许可证、法定代表人身份证。

等，在确保商事交易便捷性的基础上"最大限度缩小风险敞口"。① 在服务提供环节，应当强化刷脸支付终端的精细化管理，可以通过设备入网的思路建立刷脸终端台账，按月巡查终端使用状况，若有异常及时对设备进行维护并进行记录。在信息处理环节，信息处理者必须严格遵守《信息安全技术　个人信息安全规范》的规定，将人脸等生物特征信息与其他身份信息进行隔离储存，避免同身份信息相挂钩的人脸信息的批量泄露风险。

刷脸支付各项技术流派众多，信息采集和处理方式差别迥异，金融行业的头部机构应当联合牵头制定全行业共同遵守适用的行业技术规范，打造刷脸支付的"通用语言"，做到人脸信息编码、制式、口径、格式方面的标准统一，保证刷脸支付的底层算法可通过"反事实校验"，同时，明确信息更新和维护的责任主体，保障人脸识别标准的可操作性和全行业跟进。

2. 普法宣传与合规教育双管齐下

刷脸支付革新了支付体验，具备便捷性、智能性、获客成本低、推广效率高等优势，必然会取代传统支付方式，逐渐涵盖金融、清算、医疗、交通、出行和消费的各个方面。虽然人脸识别技术日趋成熟，但数据主体的安全防范意识也举足轻重，不可将个人生物识别信息的安全防护完全系于法律的一纸安排。法谚有云："法律不保护权利上的睡眠者。"法律能够保护的，只有那些积极主张自身权利的人，而不是那些对权利漠不关心、怠于行使的人。安全防范意识的提升，同人们对技术的认知程度息息相关，支付机构、地方银行等应当加强刷脸支付、个人生物识别信息保护的宣传工作，通过广播电视新闻、横幅标语、线上新媒体撰文、线下活动答疑等方式进行普法教育，向社会公众普及刷脸支付典型案件的犯罪特征和常见风险的防范措施，让文化程度不高、行动不方便的弱势群体在面对刷脸支付时也能保持一般理性人的清醒和觉察。

对作为信息主体的社会公众的普法教育至关重要，对信息处理主体相关工作人员的合规教育也不可或缺。合规教育的根本目的，是通过强化一线人员的合规意识，倒逼信息处理主体主动建立健全针对刷脸支付风险的内控机制，在各个独立的部门之间形成有效的科层制约。② 即使是在同一

---

① 参见朱峰《"靠谱"的刷脸支付呼唤有效的风险防控》，《中国农村金融》2021 年第 5 期。
② 参见朱慈蕴、林凯《公司制度趋同理论检视下的中国公司治理评析》，《法学研究》2013 年第 5 期。

家企业内，业务部门是人脸信息的使用者和收益者，系统开发和平台建设却是由技术部门主导的。技术人员在进行刷脸支付模块构建时未必完全了解业务部门的真实诉求，囿于技术壁垒和职权分工，业务人员同技术人员之间的沟通效率存疑，导致刷脸系统的实用性价值大打折扣。[①] 在某些大型企业内部，合规部门、业务部门和技术部门就人脸信息的采集、使用的合法性问题的沟通与协调可谓难上加难。只有将各个部门的工作人员都置于风险共担的协作场域之中，才能最大限度地减少部门间的磨合成本，维护刷脸支付解决方案的合规有效性。

为了配合信息处理主体的合规教育，应当推行个别部门的持证上岗管理运行机制。各地方清算支付协会可以负责从业人员的取证要求及合规培训需求的确认，牵头做好考前培训、资格认证和证书发放的组织与管理工作。根据《数据安全法》第 27 条，开展数据安全培训教育，是保障数据安全、履行数据安全保护义务的重要举措之一。《个人信息保护法》第 51 条也有类似规定，信息处理者应当根据个人信息的处理目的、处理方式、个人信息的种类以及对个人权益的影响、可能存在的安全风险等，采取确保信息处理活动符合法律规定的保护措施；制定内部管理制度和操作规程，定期对从业人员进行安全教育和培训是信息处理主体的应当依法履行的义务。信息处理主体应定期自行确认参与培训学习的工作人员，在修满规定课时后经考试合格取得相应的岗位证书。在信息处理活动中，在岗工作人员的岗位证书应交由人事部门保存备案。地方清算支付协会根据刷脸支付技术的发展，决定是否对岗位证书进行年审或升级考核。

本章小结

安全与效率的平衡，是人工智能技术的终极命题。倘若能以"够得着"的方式贯之以"良法善治"，安全与效率之间将不再是顾此失彼的零

---

① 金融机构各部门间的沟通效率问题，参见杨子晖、陈雨恬、谢锐楷《我国金融机构系统性金融风险度量与跨部门风险溢出效应研究》，《金融研究》2018 年第 10 期。

和博弈，而有望从虚假对立逐渐走向和谐统一。问题在于，资本逐利的天性有意要打破安全和效率的平衡，技术的突飞猛进周而复始地推翻着既有的常识和共识，使得一度如鱼得水的规则终将面临降效失能的窘境。易言之，技术的发展势必导致风险的流变，法律的不断追赶或将成为未来的常态。人脸识别技术，经历了从单纯的身份识别、信息比对向用户侧写、情感计算的目的拔擢，相应地，刷脸支付也早已脱离"识别人脸、完成支付"的字面意涵，伴随刷脸支付的后手算法决策，才是问题的关键。在这种情况下，过去建立在确定性之上的互联网法律规则，已经无法以点带面地应对不确定的现代风险。

　　本章从刷脸支付的风险成因入手，详细探讨了当前软硬交织、维度分明但过于刚性、复杂的立法在规制刷脸支付方面的欠缺和不足。规制的实质是为达预定目标而实施的有意义的矫正。为规范刷脸支付技术，确保其以"对个人权益影响最小"的方式作用于"合法、正当、必要"的经济目的，现行的个人信息保护规则、数据安全条例、生物识别信息技术规范等亟待一场有针对性的重构。更重要的是，为应对新兴技术的相互融合，既有法律、法规、规范之间必须形成积极的交流和相互增益。除此之外，促进技术向善行之有效的手段还包括通过法律将标准和原则植入技术应用的底层行动逻辑，因势利导得到政策制定者期望的结果。综合上述，刷脸支付的动态规制体系，呼吁从公共管理部门向私营机构、从法律规则向社会规范、从事后治理向事前防范的立体化法治结构转型。不惟如是，有的放矢地推动软硬法联动，积极探索包容共享的治理机制，是未来金融科技领域安全与效率兼容的必然路径选择。

参考文献

中文参考文献

〔奥〕伊尔玛·塔麦洛:《现代逻辑在法律中的应用擎》,李振江等译,中国法制出版社 2012 年版。

〔德〕卡尔·拉伦茨:《法学方法论》,陈爱娥译,商务印书馆 2003年版。

〔美〕理查德·A. 波斯纳:《正义/司法的经济学》,苏力译,中国政法大学出版社 2002 年版。

〔美〕麦克尼尔:《新社会契约论》,雷喜宁、潘勤译,中国政法大学出版社 2004 年版。

〔美〕迈克尔·西普塞:《计算理论导引》,段磊等译,机械工业出版社 2015 年版。

〔美〕理查德·A. 波斯纳:《法律的经济分析》,蒋兆康译,中国大百科全书出版社 1997 年版。

〔美〕罗伯特·斯考伯、谢尔·伊斯雷尔:《即将到来的场景时代》,赵乾坤、周宝曜译,北京联合出版公司 2014 年版。

〔美〕史蒂芬·柯维:《高效能人士的七个习惯》,高新勇等译,中国青年出版社 2020 年版。

〔美〕约翰·杜威:《追求确定性》,傅统先译,上海人民出版社 2005年版。

〔以〕尤瓦尔·赫拉利:《未来简史》,林俊宏译,中信出版社 2017年版。

〔英〕凯伦·杨、马丁·洛奇编《驯服算法》,林少伟、唐林垚译,上海人民出版社 2020 年版。

［英］卢恰诺·弗洛里迪：《信息伦理学》，薛平译，上海译文出版社 2018 年版。

蔡曙山、薛小迪：《人工智能与人类智能——从认知科学五个层级的理论看人机大战》，《北京大学学报》（哲学社会科学版）2016 年第 4 期。

车丕照：《国际经济秩序"导向"分析》，《政法论丛》2016 年第 1 期。

陈景辉：《算法的法律性质：言论、商业秘密还是正当程序?》，《比较法研究》2020 年第 2 期。

陈璞：《论网络法权构建中的主体性原则》，《中国法学》2018 年第 3 期。

陈云良：《健康权的规范构造》，《中国法学》2019 年第 5 期。

陈姿含：《人工智能算法中的法律主体性危机》，《法律科学（西北政法大学学报）》2019 年第 4 期。

程啸：《论大数据时代的个人数据权利》，《中国社会科学》2018 年第 3 期。

程啸：《论我国民法典中的个人信息合理使用制度》，《中外法学》2020 年第 4 期。

程啸：《民法典编纂视野下的个人信息保护》，《中国法学》2019 年第 4 期。

崔靖梓：《算法歧视挑战下平等权保护的危机与应对》，《法律科学（西北政法大学学报）》2019 年第 3 期。

戴昕：《数据界权的关系进路》，《中外法学》2021 年第 6 期。

邓辉：《我国个人信息保护行政监管的立法选择》，《交大法学》2020 年第 2 期。

邓矜婷、张建悦：《计算法学：作为一种新的法学研究方法》，《法学》2019 年第 4 期。

邓正来：《哈耶克法律哲学的研究》，法律出版社 2002 年版。

丁晓东：《被遗忘权的基本原理与场景化界定》，《清华法学》2018 年第 6 期。

丁晓东：《个人信息权利的反思与重塑——论个人信息保护的适用前提与法益基础》，《中外法学》2020 年第 2 期。

丁晓东：《基于信任的自动化决策：算法解释权的原理反思与制度重

构》,《中国法学》2022 年第 1 期。

丁晓东:《论算法的法律规制》,《中国社会科学》2020 年第 12 期。

丁晓东:《算法与歧视:从美国教育平权案看算法伦理与法律解释》,《中外法学》2017 年第 6 期。

范为:《大数据时代个人信息保护的路径重构》,《环球法律评论》2016 年第 5 期。

高富平:《个人信息保护:从个人控制到社会控制》,《法学研究》2018 年第 3 期。

高丝敏:《智能投资顾问模式中的主体识别和义务设定》,《法学研究》2018 年第 5 期。

高薇:《互联网时代的公共承运人规制》,《政法论坛》2016 年第 4 期。

高翔:《人工智能民事司法应用的法律知识图谱构建——以要件事实型民事裁判论为基础》,《法制与社会发展》2018 年第 6 期。

郭传凯:《人工智能风险规制的困境与出路》,《法学论坛》2019 年第 6 期。

郭春镇:《对"数据治理"的治理——从"文明码"治理现象谈起》,《法律科学(西北政法大学学报)》2021 年第 1 期。

郭雳:《智能投顾开展的制度去障与法律助推》,《政法论坛》2019 年第 3 期。

郭旨龙:《中国刑法何以预防人工智能犯罪》,《当代法学》2020 年第 2 期。

韩水法:《人工智能时代的人文主义》,《中国社会科学》2019 年第 6 期。

何海波:《行政行为的合法要件》,《中国法学》2009 年第 4 期。

何智鹏等:《采用质因子分解法与希尔排序算法的 MMC 电容均压策略》,《中国电机工程学报》2015 年第 12 期。

洪冬英:《司法如何面向"互联网+"与人工智能等技术革新》,《法学》2018 年第 11 期。

侯东德:《智能理财行业风险的法律应对》,《政法论丛》2020 年第 1 期。

胡凌:《数字经济中的两种财产权》,《中外法学》2021 年第 6 期。

黄尹旭、杨东:《超越传统市场力量:超级平台何以垄断?——社交平台的垄断源泉》,《社会科学》2021 年第 9 期。

黄尹旭：《区块链应用技术的金融市场基础设施之治理——以数字货币为例》，《东方法学》2020年第5期。

季卫东：《人工智能时代的法律议论》，《法学研究》2019年第6期。

冀洋：《人工智能时代的刑事责任体系不必重构》，《比较法研究》2019年第4期。

江必新，郑礼华：《互联网、大数据、人工智能与科学立法》，《法学杂志》2018年第5期。

江小涓：《数字时代的技术与文化》，《中国社会科学》2021年第8期。

蒋舸：《作为算法的法律》，《清华法学》2019年第1期。

蒋士成、李靖、费方域：《内生不完全合同理论研究进展》，《经济学动态》2018年第5期。

解止山：《数据泄露损害问题研究》，《清华法学》2020年第4期。

解正山：《算法决策规制——以算法"解释权"为中心》，《现代法学》2020年第1期。

解志勇：《卫生法基本原则论要》，《比较法研究》2019年第3期。

劳东燕：《个人数据的刑法保护模式》，《比较法研究》2020年第5期。

李爱君：《人工智能法律行为论》，《政法论坛》2019年第3期。

李爱君：《数据权利属性与法律特征》，《东方法学》2018年第3期。

李晟：《略论人工智能语境下的法律转型》，《法学评论》2018年第1期。

李飞：《无人驾驶碰撞算法的伦理立场与法律治理》，《法制与社会发展》2019年第5期。

李晓辉：《如何面对"无用阶层"：人工智能与未来正义》，《华东政法大学学报》2019年第6期。

李玉华：《以合规为核心的企业认罪认罚从宽制度》，《浙江工商大学学报》2021年第1期。

李欲晓：《物联网安全相关法律问题研究》，《法学论坛》2014年第6期。

栗峥：《人工智能与事实认定》，《法学研究》2020年第1期。

梁铭会、董四平、刘庭芳：《追踪方法学（TM）在医院评价工作中的应用研究》，《中国医院管理》2012年第1期。

林建祥：《人工智能及其若干哲学问题》，《北京大学学报》（哲学社会科学版）1991年第2期。

林少伟：《人工智能对公司法的影响：挑战与应对》，《华东政法大学学报》2018 年第 3 期。

刘洪华：《论人工智能的法律地位》，《政治与法律》2019 年第 1 期。

刘剑文、胡翔：《"领域法"范式适用：方法提炼与思维模式》，《法学论坛》2018 年第 4 期。

刘庭芳：《中外医院评价模式分析与启示》，《中国护理管理》2012 年第 1 期。

刘宪权：《涉人工智能犯罪中研发者主观罪过的认定》，《比较法研究》2019 年第 4 期。

刘炫麟：《公民健康权利与义务立法研究》，《法学杂志》2018 年第 5 期。

刘杨钺：《技术变革与网络空间安全治理：拥抱"不确定的时代"》，《社会科学》2020 年第 9 期。

刘友华：《算法偏见及其规制路径研究》，《法学杂志》2019 年第 6 期。

刘长秋、赵之奕：《论紧急状态下公民健康权的克减及其限度》，《法律适用》2020 年第 9 期。

刘志强：《论"数字人权"不构成第四代人权》，《法学研究》2021 年第 1 期。

龙飞：《人工智能在纠纷解决领域的应用与发展》，《法律科学（西北政法大学学报）》2019 年第 1 期。

龙卫球：《科技法迭代视角下的人工智能立法》，《法商研究》2020 年第 1 期。

陆璐：《"FinTech"赋能：科技金融法律规制的范式转移》，《政法论丛》2020 年第 1 期。

罗洪洋、陈雷：《智慧法治的概念证成及形态定位》，《政法论丛》2019 年第 2 期。

罗培新：《公司法的合同路径与公司法规则的正当性》，《法学研究》2004 年第 2 期。

马平川：《大数据时代的经济法理念变革与规制创新》，《法学杂志》2018 年第 7 期。

马颜昕：《自动化行政方式下的行政处罚：挑战与回应》，《政治与法律》2020 年第 4 期。

马长山：《人工智能的社会风险及其法律规制》，《法律科学（西北政法大学学报）》2018 年第 6 期。

马长山：《数字社会的治理逻辑及其法治化展开》，《法律科学（西北政法大学学报）》2020 年第 5 期。

马长山：《智能互联网时代的法律变革》，《法学研究》2018 年第 4 期。

梅夏英：《数据的法律属性及其民法定位》，《中国社会科学》2016 年第 9 期。

潘玥斐：《机器人被赋予公民身份引发舆论关注》，《中国社会科学报》2017 年 11 月 10 日，第 2 版。

彭诚信、陈吉栋：《论人工智能体法律人格的考量要素》，《当代法学》2019 年第 2 期。

彭诚信等：《论人工智能体法律人格的考量要素》，《当代法学》2019 年第 2 期。

彭錞：《论国家机关处理个人信息的合法性基础》，《比较法研究》2022 年第 1 期。

彭辉：《数据权属的逻辑结构与赋权边界——基于"公地悲剧"和"反公地悲剧"的视角》，《比较法研究》2022 年第 1 期。

彭中礼：《智慧法治：国家治理能力现代化的时代宣言》，《法学论坛》2020 年第 3 期。

齐延平：《论人工智能时代法律场景的变迁》，《法律科学（西北政法大学学报）》2018 年第 4 期。

齐延平：《数智化社会的法律调控》，《中国法学》2022 年第 1 期。

齐延平：《算法社会的治理逻辑》，《华东政法大学学报》2019 年第 6 期。

钱大军：《司法人工智能的中国进程：功能替代与结构强化》，《法学评论》2018 年第 5 期。

申卫星：《〈中华人民共和国基本医疗卫生与健康促进法〉理解与适用》，中国政法大学出版社 2020 年版。

申卫星：《公共卫生法治的价值取向和机制建设》，《光明日报》2020 年 4 月 3 日，第 11 版。

申卫星、刘云：《法学研究新范式：计算法学的内涵、范畴与方法》，《法学研究》2020 年第 5 期。

沈伟、张焱：《普惠金融视阈下的金融科技监管悖论及其克服进路》，《比较法研究》2020 年第 5 期。

沈伟伟:《算法透明原则的迷思——算法规制理论的批判》,《环球法律评论》2019 年第 6 期。

时业伟:《跨境数据流动中的国际贸易规则》,《比较法研究》2020 年第 4 期。

宋亚辉:《个人信息的私法保护模式研究——〈民法总则〉第 111 条的解释论》,《比较法研究》2019 年第 2 期。

宋亚辉:《网络市场规制的三种模式及其适用原理》,《法学》2018 年第 10 期。

苏宇:《算法规制的谱系》,《中国法学》2020 年第 3 期。

孙清白:《人工智能算法的"公共性"应用风险及其二元规制》,《行政法学研究》2020 年第 3 期。

孙伟平:《人工智能与人的"新异化"》,《中国社会科学》2020 年第 12 期。

唐林垚:《"脱离算法自动化决策权"的虚幻承诺》,《东方法学》2020 年第 6 期。

唐林垚:《〈个人信息保护法〉语境下"免受算法支配权"的实现路径与内涵辨析》,《湖北社会科学》2021 年第 3 期。

唐林垚:《比较视域下的〈民法典〉自甘风险规则》,《江西社会科学》2020 年第 10 期。

唐林垚:《超越"马法之议":非完全合同视角下的个人信息保护法》,《苏州大学学报》(哲学社会科学版) 2022 年第 2 期。

唐林垚:《遏制人工智能算法的公共妨害》,《法制日报》2020 年 1 月 7 日第 10 版。

唐林垚:《公共卫生领域算法治理的实现途径及法律保障》,《法学评论》2021 年第 3 期。

唐林垚:《公共治理视域下自动化应用的法律规制》,《交大法学》2022 年第 2 期。

唐林垚:《论美国敌意收购中商业判断规则适用之实践》,《社会科学》2019 年第 8 期。

唐林垚:《人工智能时代的算法规制:责任分层与义务合规》,《现代法学》2020 年第 1 期。

唐林垚:《数据合规科技的风险规制及法理构建》,《东方法学》2022 年第 1 期。

唐林垚：《刷脸支付的立法原理及其本土化展开》，《北方法学》2022 年第 1 期。

唐林垚：《算法应用的公共妨害及其治理路径》，《北方法学》2020 年第 3 期。

陶乾：《论竞价排名服务提供者注意义务的边界》，《法学杂志》2020 年第 5 期。

陶盈：《机器学习的法律审视》，《法学杂志》2018 年第 9 期。

万方：《隐私政策中的告知同意原则及其异化》，《法律科学（西北政法大学学报）》2019 年第 2 期。

万方：《终将被遗忘的权利——我国引入被遗忘权的思考》，《法学评论》2016 年第 6 期。

汪庆华：《人工智能的法律规制路径》，《现代法学》2019 年第 2 期。

王晨：《坚持以习近平法治思想为指导　谱写新时代全面依法治国新篇章》，《中国法学》2021 年第 1 期。

王晨光、苏玉菊：《健康中国战略的法制建构——卫生法观念与体制更新》，《中国卫生法制》2018 年第 4 期。

王利明：《数据共享与个人信息保护》，《现代法学》2019 年第 1 期。

王禄生：《司法大数据与人工智能技术应用的风险及伦理规制》，《法商研究》2019 年第 2 期。

王天玉：《基于互联网平台提供劳务的劳动关系认定——以"e 代驾"在京、沪、穗三地法院的判决为切入点》，《法学》2016 年第 6 期。

王锡锌：《国家保护视野中的个人信息权利束》，《中国社会科学》2021 年第 11 期。

王叶刚：《网络隐私政策法律调整与个人信息保护》，《环球法律评论》2020 年第 2 期。

王怡：《认真对待公众舆论——从公众参与走向立法商谈》，《政法论坛》2019 年第 6 期。

王怡：《社会主义核心价值观如何入法——一个立法学的分析框架》，《法学》2019 年第 9 期。

王怡：《智能互联网能为民主立法贡献什么》，《北方法学》2019 年第 6 期。

韦景竹：《马赛克理论及其发展》，《保密工作》2013 年第 3 期。

吴汉东：《人工智能时代的制度安排与法律规制》，《法律科学（西北政法大学学报）》2017 年第 5 期。

［美］吴霁虹·桑德森：《众创时代——互联网+、物联网时代企业创新完整解决方案》，中信出版社 2015 年版。

吴允锋：《人工智能时代侵财犯罪刑法适用的困境与出路》，《法学》2018 年第 5 期。

武腾：《最小必要原则在平台处理个人信息实践中的适用》，《法学研究》2021 年第 6 期。

谢鸿飞：《民法典与特别民法关系的建构》，《中国社会科学》2013 年第 2 期。

邢会强：《大数据交易背景下个人信息财产权的分配与实现机制》，《法学评论》2019 年第 6 期。

徐玖玖：《人工智能的道德性何以实现？——基于原则导向治理的法治进路》，《现代法学》2021 年第 3 期。

徐琳：《人工智能推算技术中的平等权问题之探讨》，《法学评论》2019 年第 3 期。

徐明：《大数据时代的隐私危机及其侵权法应对》，《中国法学》2017 年第 1 期。

徐文：《个人推论数据是如何被藏匿的?》，《社会科学》2020 年第 10 期。

徐雨衡：《正确改革方法论的基本内核》，《人民论坛》2018 年第 13 期。

许可：《从监管科技迈向治理科技》，《探索与争鸣》2018 年第 10 期。

许中缘：《论智能机器人的工具性人格》，《法学评论》2018 年第 5 期。

颜佳华、王张华：《人工智能与公共管理者角色的重新定位》，《北京大学学报》（哲学社会科学版）2019 年第 6 期。

杨东：《监管科技：金融科技的监管挑战与维度建构》，《中国社会科学》2018 年第 5 期。

杨芳：《个人信息自决权理论及其检讨——兼论个人信息保护法之保护客体》，《比较法研究》2015 年第 6 期。

杨立新：《电子商务交易领域的知识产权侵权责任规则》，《现代法学》2019 年第 2 期。

姚佳：《知情同意原则抑或信赖授权原则——兼论数字时代的信用重

建》，《暨南学报》（哲学社会科学版）2020 年第 2 期。

叶开儒：《数据跨境流动规制中的"长臂管辖"》，《法学评论》2020 年第 1 期。

殷继国：《大数据经营者滥用市场支配地位的法律规制》，《法商研究》2020 年第 4 期。

于浩：《我国个人数据的法律规制——域外经验及其借鉴》，《法商研究》2020 年第 6 期。

余成峰：《法律的"死亡"：人工智能时代的法律功能危机》，《华东政法大学学报》2018 年第 2 期。

余盛峰：《全球信息化秩序下的法律革命》，《环球法律评论》2013 年第 5 期。

袁曾：《人工智能有限法律人格审视》，《东方法学》2017 年第 5 期。

袁峰：《信息公平与政府责任》，《政治学研究》2005 年第 4 期。

战东升：《挑战与回应：人工智能时代劳动就业市场的法律规制》，《法商研究》2021 年第 1 期。

张凌寒：《商业自动化决策的算法解释权研究》，《法律科学（西北政法大学学报）》2018 年第 3 期。

张凌寒：《算法权力的兴起、异化及法律规制》，《法商研究》2019 年第 4 期。

张骐：《在效益与权利之间——美国产品责任法的理论基础》，《中国法学》1997 年第 6 期。

张瑞祥、王东波：《基于主题动态模型的法律因果关系研究》，《政法论丛》2017 年第 1 期。

张守文：《公共卫生治理现代化：发展法学的视角》，《中外法学》2020 年第 3 期。

张文显：《论中国式法治现代化新道路》，《中国法学》2022 年第 1 期。

张欣：《算法解释权与算法治理路径研究》，《中外法学》2019 年第 6 期。

张新宝：《互联网生态"守门人"个人信息保护特别义务设置研究》，《比较法研究》2021 年第 3 期。

张新宝：《论个人信息权益的构造》，《中外法学》2021 年第 5 期。

赵精武：《数据跨境传输中标准化合同的构建基础与监管转型》，《法律科学（西北政法大学学报）》2022 年第 2 期。

赵精武、丁海峻：《论代码的可规制性：计算法律学基础与新发展》，载张平主编《网络法律评论》第 19 卷，北京大学出版社 2016 年版。

赵磊、赵宇：《论人工智能的法律主体地位》，载岳彩申、侯东德主编《人工智能法学研究》第 1 期，社会科学文献出版社 2018 年版。

郑戈：《算法的法律与法律的算法》，《中国法律评论》2018 年第 2 期；商希雪：《超越私权属性的个人信息共享》，《法商研究》2020 年第 2 期。

中共中央马克思恩格斯列宁斯大林著作编译局：《马克思恩格斯全集》第 4 卷，人民出版社 2006 年版。

周汉华：《网络法治的强度、灰度与维度》，《法制与社会发展》2019 年第 6 期。

周汉华：《习近平互联网法治思想研究》，《中国法学》2017 年第 3 期。

周辉、徐玖玖：《中国网络信息法学研究机构建设和发展报告（2004—2020）》，《网络信息法学研究》2021 年第 1 期。

周辉：《美国网络广告的法律治理》，《环球法律评论》2017 年第 5 期。

周辉：《平台责任与私权》，《电子知识产权》2015 年第 6 期。

周辉：《算法权力及其规制》，《法制与社会发展》2019 年第 6 期。

周详：《智能机器人"权利主体论"之提倡》，《法学》2019 年第 5 期。

周小梅等：《我国医疗机构声誉评价信息供给模式与改革取向》，《治理研究》2020 年第 2 期。

朱慈蕴、沈朝晖：《不完全合同视角下的公司治理规则》，《法学》2017 年第 4 期。

左卫民：《从通用化走向专门化：反思中国司法人工智能的运用》，《法学论坛》2020 年第 2 期。

左卫民：《关于法律人工智能在中国运用前景的若干思考》，《清华法学》2018 年第 2 期。

外文参考文献

Akriti Mehta, Deepak Sharma, Towards Solving the Google CAPTCHA, 89 *International Journal of Computer Applications* （2014）, p. 35.

Andreas Weigend, *Data for the People*, *How to Make Our Post-Privacy Economy Work for You*, Basic Books, 2017.

Anne-Laure Beaussier, et al., Accounting for Failure: Risk-Based Regulation and the Problems of Ensuring Healthcare Quality in the NHS, 18 *Health*, *Risk & Society* 3-4 (2016), pp. 205-206.

A. Northrop, K. L. Kraemer, D. Dunkle and J. L. King, Payoffs from Computerization: Lessons over Time, *Public Administration Review* (1990). pp. 505-514.

Arthur Kaufmann, Analogie Und "Natur der Sache" Zugleich Ein Beitrag, 12 *Zur Lehre Vom Typus* 73, 74 (1982).

Avedis Donabedian, Evaluating the Quality of Medical Care, 44 *The Milbank Memorial Fund Quarterly* 3 (1966), pp. 166-206.

B. Frischmann and E. Selinger, *Re-Engineering Humanity*, Cambridge University Press, 2018, pp. 96-102.

Brandon Ingram, et al., *A Code of Ethics for Robotics Engineers*, *in Proceedings of the 5th ACM/IEEE International Conference on Human-Robot Interaction*, IEEE Press, 2010, pp. 103-104.

Bryan Casey, Ashkon Farhangi, and Roland Vogl, Rethinking Explainable Machines: The GDPR's "Right to Explanation" Debate and the Rise of Algorithmic Audits in Enterprise, 34 *Berkeley Technology Law Journal* 1 (2018), pp. 145-187.

Cass R. Sunstein, Neither Hayek Nor Habermas, 134 *Public Choice* 87, 2008, pp. 87-91.

C. Coglianese, D. Lehr, Regulating by Robot: Administrative Decision Making in the Machine-Learning Era, 105 *Georgetown Law Journal* (2016), p. 1147.

Cheng-Ru Wu, Che-Wei Chang, and Hung-Lung Lin, A Fuzzy ANP-Based Approach to Evaluate Medical Organizational Performance, 19 *Information and Management Sciences* 1 (2008), pp. 53-74.

Claus-Wilhelm Canaris, *Die Feststellung von Lücken im Gesetz*, Duncker und Humblot (1983), p. 97.

Cour de Cassation, Chambre criminelle, Audience publique No de pourvoi, *Publié au bulletin* (1998), pp. 97-81.

Daniel Kahneman, *Fast and Slow Thinking*, Allen Lane and Penguin Books, 2011, pp. 161-163.

Dano A. Leli, and Susan B. Filskov, Clinical Detection of Intellectual Deterioration Associated with Brain Damage, 40 *Journal of Clinical Psychology* 6 (1984), p. 1435.

David Johnson, David Post, Law and Borders: The Rise of Law in Cyberspace, 22 *Stanford L. R.* (1996), p. 1368.

Deven McGraw, Building Public Trust in Uses of Health Insurance Portability and Accountability Act De-identified Data, 20 *Journal of the American Medical Informatics Association* (2013), p. 33.

Eric Maskin, Jean Tirole, Unforeseen Contingencies and Incomplete Contracts, 66 *Review of E. S.* (1999), p. 83.

Evgeny Morozov, The Real Privacy Problem, 2 *MIT Technology Review* (2013), p. 9.

FINRA, *Report on Digital Investment Advice*, FINRA Publications, 2016, p. 6.

F. Pasquale, Secret Algorithms Threaten the Rule of Law, *MIT Technology Review* (2017), p. 1023.

Frank Easterbrook, Cyberspace and the Law of the Horse, 207 *University of C. L. F.* (1996), pp. 207-216.

Frank Pasquale, *The Black Box Society*, Harvard University Press, 2015, p. 5, 165.

Frank Pasquale, Toward a Fourth Law of Robotics: Preserving Attribution, Responsibility, and Explainability in an Algorithmic Society, 78 *Ohio St. L. J.* (2017), p. 1255.

G. C. Christie, An Essay on Discretion, *Duke Law Journal* (1986), p. 747.

Graham Gibbs, *Dimensions of Quality*, York: Higher Education Academy, 2010) pp. 1-11.

Hans-Joachim Koch, Helmut Rüßmann, *Juristische Begründungslehre: eine Einführung in Grundprobleme der Rechtswissenschaft*, Beck, 1982, p. 67.

Hans-Martin Pawlowski, *Einführung in Die Juristische Methodenlehre.* C. F. Müller (1974), p. 418.

Helen Nissenbaum, Privacy as Contextual Integrity, 79 *Washington L. R.* (2004), p. 119.

H. Margetts Dunleavy, J. Tinkler and S. Bastow, *Digital Era Governance: IT*

Corporations, the State, and e-Government, Oxford University Press, 2006, pp. 1-15.

H. Nissenbaum, Privacy as Contextual Integrity, *Washington L. R.* (2004), p. 119.

Ian H. Witten, et al., *Data Mining: Practical Machine Learning Tools and Techniques*, Morgan Kaufmann, 2016, pp. 468-478.

I. Mendoza and L. Bygrave, The Right not to be Subject to Automated Decisions based on Profiling, in T. Synodinou (eds), *EU Internet Law: Regulation and Enforcement* (Springer 2017).

Jasper Tran, The Right to Attention, 91 *Indiana Law Journal* 3, 2016, p. 1023.

J. Monteiro, *Behavioral Investing: A Practitioners Guide to Applying Behavioral Finance*, John Wiley & Sons (2009), pp. 1-6

John Armour and David A. Skeel Jr, Who Writes the Rules for Hostile Takeovers, and Why - The Peculiar Divergence of US and UK Takeover Regulation, 95 *Georgetown Law Journal* (2006), p. 1727.

John Danaher, The Ethics of Algorithmic Outsourcing in Everyday Life, *Algorithmic Regulation*, Oxford University Express, 2019, p. 101.

John Lightbourne, Algorithms & Fiduciaries: Existing and Proposed Regulatory Approaches to Artificially Intelligent Financial Planners, 67 *Duke Law Journal* (2017), p. 664.

Jonathan Zittrain, et al., *The Science of Fake News*, Science Press, 2018, pp. 1094-1096.

J. Tran, The Right to Attention, 91 *Indiana Law Journal* 3 (2016), p. 1023.

Keith N. Hylton, Optimal Law Enforcement and Victim Precaution, 34 *The Rand Journal of Economics* (1996), p. 198.

Keith N. Hylton, The Economics of Public Nuisance Law and the New Enforcement Actions, 18 *Supreme Court Economic Review*, p. 43.

Lawrence Lessig, The Law of the Horse: What Cyberlaw Might Teach, 113 *Harvard L. R.* (1999), p. 502.

Leighton Andrews, Public Administration, Public Leadership and The Construction of Public Value in The Age of The Algorithm and "Big Data", 97 *Public Administration* 2 (2019), pp. 296-310.

Lilian Edwards & Michael Veale, Slave to the Algorithm? Why a "Right to an

Explanation" is Probably Not the Remedy You are Looking For, 16 *Duke Law & Technology Review* (2017), p. 18.

L. Lee, et al., Predicting Outcome in Coronary Disease Statistical Models Versus Expert Clinicians, 80 *The American Journal of Medicine* 4 (1986), p. 553.

Martin Lodge, Kai Wegrich, eds. The Problem-Solving Capacity of The Modern State: Governance Challenges and Administrative Capacities, *Hertie Governance Report* (2014): pp. 1-3.

Meyrowitz Joshua, *No Sense of Place: The Impact of Electronic Media on Social Behavior* 1, 1st ed., Oxford U. Press, 1986.

Michael Jensen, William Meckling, *Theory of the Firm*, 3 *Financial Economics*, (1976), pp. 305-309.

Michele Finck, Digital Co-Regulation: Designing A Supranational Legal Framework for The Platform Economy, 43 *European Law Review* 1 (2017), pp. 47-68.

M. Lipsky, *Street-Level Bureaucracy: Dilemmas of The Individual in Public Service*, Russell Sage Foundation, 2010, pp. 5-24.

M. S. S. Morton, *Management Decision Systems: Computer-Based Support for Decision Making.* Division of Research, Graduate School of Business Administration, Harvard University, 1971, p. 1.

M. Veale, I. Brass, Administration by algorithm? Public Management Meets Public Sector Machine Learning, in Yeung K. (ed.) *Algorithmic Regulation* (2019), pp. 121-149.

Oliver Hart, John Moore, Default and Renegotiation: A Dynamic Model of Debt, 113 *Quarterly J. E.* (1998), pp. 5-9.

Oliver Hart, John Moore, On the Design of Hierarchies: Coordination versus Specialization, 113 *Journal P. E.* (2005), pp. 675-678.

R. A. Y. Hilborn, et al., Defining Tradeoffs among Conservation, Profitability, and Food Security in The California Current Bottom Trawl Fishery, 26 *Conservation Biology* 2 (2012), pp. 257-268.

Reinhold Zippelius, *Das Wesen des Rechts: Eine Einführung in die Rechtsphilosophie*, CH Beck, 1997, p. 116.

R. Jeffrey, The Right to be Forgotten, 64 *Stanford Law Review* (2012), p. 88.

Robert Baldwin, Martin Lodge, Martin Cave, *Understanding Regulation: Theory, Strategy, and Practice*, Oxford University Press, 2012, pp. 22-55.

Roberto Poli, Carlo Scognamiglio, and Frederic Tremblay, eds. , *The Philosophy of Nicolai Hartmann*, Walter de Gruyter, 2011, p. 66.

Robleh Ali, Legal Entity Identifiers: The Beginning of a New Platform in Financial Data, 64 *Journal of Securities Operations & Custody* (2014), p. 299.

Ronald Coase, The Nature of the Firm, 16 *Economica* (1937), pp. 386-390.

Ryan Bradley, Tesla Autopilot, the Electric-Vehicle Maker Sent its Cars A Software Update that Suddenly Made Autonomous Driving a Reality, 63 *MIT Technology Review* (2016), p. 169.

Samir Chopra, Laurence F. White, *A Legal Theory for Autonomous Artificial Agents*, Ann Arbor University of Michigan Press, 2011, p. 6.

Sarah Valentine, Impoverished Algorithms: Misguided Governments, Flawed Technologies, and Social Control, 46 *Fordham Urban Law Journal* 2, 2019, p. 365.

SEC Division of Investment Management, *Guidance Update: Robo-Advisers*, SEC Press, 2017, p. 2.

Secil Bilgic, Something Old, Something New, and Something Moot: The Privacy Crisis Under the CLOUD Act, 32 *Harvard J. L. T.* (2018), pp. 331-332.

Stanford Grossman, Oliver Hart, *The Costs and Benefits of Ownership: A Theory of Vertical and Lateral Integration*, 94 *Journal P. E.* (1986), p. 691.

Tim Miller, Piers Howe, and Liz Sonenberg, Explainable AI: Beware of Inmates Running the Asylum, *Arxiv Preprint Arxiv* (2017), p. 1712.

Timnit Gebru, *On the Dangers of Stochastic Parrots*, 4 *MIT Technology Review* (2020), p. 23.

Tim O'Reilly, Open Data and Algorithmic Regulation, in Brett Goldstein (ed.) *Beyond Transparency: Open Data and the Future of Civic Innovation*, Code for America Press, 2013, pp. 289-300.

T. Jeffrey, The Solace of Oblivion, Sep 29 *New Yorker* (2014).

Y. N. Harari, *Homo Deus: A Brief History of Tomorrow*, Random House, 2016.

索　引

后　记

2018年博士毕业后，我进入中国社会科学院法学研究所博士后流动站从事研究工作。入站次月，便喜迎儿子降生，我在欣喜之余也倍感压力。毕竟，博士后阶段的学术产出将直接决定"我"在单位（乃至学术界）的去留，而孩提时期的亲子关系则深刻影响"他"的童年（乃至一生）的幸福。幸得夫人持家有方，为家庭牺牲颇多，让我能够相对从容地专注于法学基础理论的研究，这才使得有幸入选"第十批中国社会科学博士后文库"的拙著面世。

虽无"带娃"近忧，但我始终怀有对于下一代所处"时空在世"的远虑。博士后报告以"算法规制"为选题，正是为了回应面向未来的关切。如果说，千禧一代是互联网的原住民，那么，疫情前后的新生儿们实属尤瓦尔意义上"算法社会"的原住民。他们自出生起就受益于数字技术的"赋能加持"，也终将面对来自算法社会的"全息统御"。本书虽着重探讨算法风险的法律因应，但无论是学理层面的抽象演绎还是具体场景的对策建议，最终均指向人之尊严与自主性的维护，因此也希望能在一定程度上具有普适的"利他"性。

就博士后报告的写作和出版，我感谢导师陈甦学部委员的栽培，感谢孙宪忠学部委员、李林学部委员、吴慧教授、陈洁研究员、芮素平编辑的指导，感谢所有给予我关怀和帮助的朋友。出站时正值而立之年，但实在不敢自诩二十不惑，倘若没有父母、导师、朋友提点，想必会更加迷茫。是故，也祝愿所有出生于算法社会的孩子们，都能有幸被良师益友所包围，而不是被信息茧房所桎梏。

唐林垚

2024年2月

第十批《中国社会科学博士后文库》专家推荐表 1

　　《中国社会科学博士后文库》由中国社会科学院与全国博士后管理委员会共同设立,旨在集中推出选题立意高、成果质量高、真正反映当前我国哲学社会科学领域博士后研究最高学术水准的创新成果,充分发挥哲学社会科学优秀博士后科研成果和优秀博士后人才的引领示范作用,让《文库》著作真正成为时代的符号、学术的示范。

推荐专家姓名	陈 甦		电 话	
专业技术职务	学部委员、研究员、博士生导师		研究专长	民商法、经济法
工作单位	中国社会科学院法学研究所		行政职务	所长、《法学研究》主编
推荐成果名称	算法治理与治理算法			
成果作者姓名	唐林垚			

　　(对书稿的学术创新、理论价值、现实意义、政治理论倾向及是否具有出版价值等方面做出全面评价,并指出其不足之处)

　　《算法治理与治理算法》是唐林垚博士在我所从事博士后科研期间完成的优秀学术作品,通过中国社会科学院法学研究所、国际法研究所学术委员会评审,并荣获 2019—2020 年度优秀博士后研究报告。作者在站期间就相关问题发表了 5 篇 CSSCI 论文,包含 3 篇法学类核心期刊论文,本书稿是在此基础上的又一次向前迈进。

　　长期以来,科技发展和社会治理之间的辩证关系是人工智能法学研究的重点问题,也是难点所在。作者在充分参考国内外学术界前沿研究的基础上,不囿于既有观点的藩篱,聚焦科技发展的本质社会属性,形成了较为独特的观点和见地,实属难能可贵。作者指出,科技绝非凭空出现,它是现有监管体制和社会规范相结合的产物,因此,科技的演化要与主要社会结构和现有监管举措相适应,这正是算法规制的核心要义。

　　诚然,理想状态下的法学分析,得出的各项结论难免有对算法治理的过度美化之嫌,作者对"技术初心"的强调,也很容易被看作是对算法结构性嵌入社会治理中层出不穷的污行恶迹的无视。但是,不足的罅隙也凸显出本书稿的不凡之处:作者没有羁绊于对制度实然的比较和评价,转而寻求探讨制度应然的一种方法论,从人工智能现象抽象出算法规制理论,具有较高的学术价值。

签字：陈甦

2021 年 2 月 1 日

说明:该推荐表须由具有正高级专业技术职务的同行专家填写,并由推荐人亲自签字,一旦推荐,须承担个人信誉责任。如推荐书稿入选《文库》,推荐专家姓名及推荐意见将印入著作。

第十批《中国社会科学博士后文库》专家推荐表 2

　　《中国社会科学博士后文库》由中国社会科学院与全国博士后管理委员会共同设立,旨在集中推出选题立意高、成果质量高、真正反映当前我国哲学社会科学领域博士后研究最高学术水准的创新成果,充分发挥哲学社会科学优秀博士后科研成果和优秀博士后人才的引领示范作用,让《文库》著作真正成为时代的符号、学术的示范。

推荐专家姓名	李洪雷	电　话	
专业技术职务	研究员、博士生导师	研究专长	行政法
工作单位	中国社会科学院法学研究所	行政职务	副所长、《环球法律评论》主编
推荐成果名称	算法治理与治理算法		
成果作者姓名	唐林垚		

　　(对书稿的学术创新、理论价值、现实意义、政治理论倾向及是否具有出版价值等方面做出全面评价,并指出其不足之处)

　　本书稿具有较高的理论深度。在人工智能法学领域,碎片化的规则探寻容易缺乏对算法治理共性法律特征的整体把握,造成个别小制度对抽象的大制度的掣肘和抵消。在涉及部分争议极大、长期未有定论的问题时,作者含弃"具体落实"而力保"抽象论述"的抉择,映衬出作者具有较高以概念和范畴去反映认知对象的能力和造诣。书稿中的部分观点,尤其是针对《个人信息保护法(草案)》的部分论述,已经通过要报渠道报送人大法工委,相信将对未来个人信息保护立法产生一定的影响。

　　本书稿的创新之处体现在作者的陈述方式上。过分涉及技术性规则的写作,多数学者不敢尝试,一来若介绍性文字过多,则落入"教科书式写作"的俗套;二来若不充分介绍相关规则背后的法理,则全书的分析和阐述立足点薄弱。本书稿巧妙地平衡了对技术规则的解释、对人工智能演进历史的梳理以及对算法改变市民生活的鞭辟入里的评价和分析,读起来津津有味,法律思维又贯彻始终。

　　本书稿无政治错误、宗教错误,不涉及敏感问题,社会价值与经济价值协调统一,具有较高出版价值,对学术传播具有积极意义,符合正确的新闻出版导向。书稿的不足之处在于,篇幅还可适当精简。

签字: 李洪雷

2021 年 2 月 21 日

说明:该推荐表须由具有正高级专业技术职务的同行专家填写,并由推荐人亲自签字,一旦推荐,须承担个人信誉责任。如推荐书稿入选《文库》,推荐专家姓名及推荐意见将印入著作。